ÊTES-VOUS

FAITS

L'UN

POUR

L'AUTRE

?

Conception graphique et illustration de la couverture: Violette Vaillancourt et Patrick Bizier
Maquette intérieure: Lise Coulombe
Photo: The Image Bank: Larry Dale Gordon

DISTRIBUTEURS EXCLUSIFS:

- Pour le Canada et les États-Unis:
  LES MESSAGERIES ADP*
  955, rue Amherst, Montréal H2L 3K4
  Tél.: (514) 523-1182
  Télécopieur: (514) 521-4434
  * Filiale de Sogides Ltée

- Pour la Belgique et le Luxembourg:
  PRESSES DE BELGIQUE S.A.
  Boulevard de l'Europe 117
  8-1301 Wavre
  Tél.: (10) 41-59-66
       (10) 41-78-50
  Télécopieur: (10) 41-20-24

- Pour la Suisse:
  TRANSAT S.A.
  Route du Grand-Lancy, 2, C.P. 125, 1211 Genève 26
  Tél.: (41-22) 42-77-40
  Télécopieur: (41-22) 43-46-46

- Pour la France et les autres pays:
  INTER FORUM
  13, rue de la Glacière, 75624 Paris Cédex 13
  Tél.: (33.1) 43.37.11.80
  Télécopieur: (33.1) 43.31.88.15
  Télex: 250055 Forum Paris

ELLEN LEDERMAN

ÊTES-VOUS
FAITS
L'UN
POUR
L'AUTRE
?

**Des petits tests
pour mieux
vous connaître**

Traduit de l'anglais
par Désirée Szucsany

LES ÉDITIONS DE
L'HOMME

Données de catalogage avant publication (Canada)

Lederman, Ellen, 1954-

Êtes-vous faits l'un pour l'autre? : des petits tests pour mieux vous connaître

Traduction de: Perfect partners.

ISBN 2-7619-1020-6

1. Couples - Psychologie.   2. Relations humaines.   3. Mariage - Tests de compatibilité.
I. Titre.

HQ734.L4314   1992   646.7'7   C92-096542-3

© 1992, Les Éditions de l'Homme,
une division du groupe Sogides,
pour la traduction française

L'ouvrage original anglais a été publié par
Pocket Books, une division de Simon & Schuster Inc.
sous le titre *Perfect partners: the couple's compatibility guide*
(ISBN: 0-671-70262-9)

Dépôt légal: 2e trimestre 1992
Bibliothèque nationale du Québec

ISBN 2-7619-1020-6

Introduction

Qui est le partenaire idéal? Vous l'avez sans doute déjà trouvé; mais que vous poursuiviez une relation à long terme ou que vous fréquentiez quelqu'un depuis peu, *Êtes-vous faits l'un pour l'autre?* est un guide qui vous aidera à percer les secrets de la compatibilité.

Les psychologues, les métaphysiciens et les praticiens du Nouvel Âge ont mis au point des systèmes qui permettent de découvrir les traits de la personnalité. L'astrologie, la numérologie et l'étude des lignes de la main sont des méthodes visant à mieux se connaître et qui ont fait l'objet de plusieurs livres. Cependant, les théories émises sur la couleur des yeux, le rôle familial, l'analyse des couleurs ou des groupes sanguins ne sont généralement pas accessibles au grand public. De plus, la plupart des thèmes abordés sont reliés à la connaissance de soi et non pas aux affinités que l'on peut avoir avec autrui.

Êtes-vous faits l'un pour l'autre? est le premier guide qui décrit le genre de relation que vous développerez selon votre personnalité. Quinze jeux vous aideront à déterminer si vous êtes faits l'un pour l'autre. Chaque chapitre comporte un jeu ou un exercice à faire seul ou à deux. Comptez vos points et lisez l'analyse de votre profil. Cela vous donnera une idée de votre niveau de compatibilité. Chaque profil varie en fonction du thème abordé, mais pour connaître les courants qui domineront vos relations, il importe de tenir compte du score final. Certains chapitres explorent un domaine en particulier, par exemple, la dominante cérébrale, qui porte sur la façon de penser, ou encore, les mains, dont l'étude révèle les côtés émotifs de la personnalité. Ces jeux ont tous été conçus et vérifiés scientifiquement. Réunis sous la forme d'un guide, ils fournissent un aperçu valable de votre compatibilité.

Toutefois, la recherche n'étant pas encore très poussée dans le domaine, les résultats ne sauraient être considérés comme une preuve en soi.

La façon de procéder est simple. Détachez une feuille de points à la fin du livre. Lisez votre profil et notez le nombre de points alloués. En ce qui a trait au chapitre relié aux mains, relevez les points alloués à chaque ligne de la main (vie, tête, cœur). Additionnez-les et divisez-les par trois pour obtenir la moyenne.

Choisissez le profil qui correspond à vos goûts. Par exemple, si votre partenaire et vous hésitez entre le bleu et le vert et que vous convenez que le rouge-bleu est la formule la plus représentative de votre relation, indiquez le nombre de points alloués au profil qui correspond à celle-ci.

Si vous choisissez plus d'une formule, vous devrez lire plusieurs profils. Ne vous étonnez pas de relever des contradictions. Par exemple, si vous aimez tous les deux pratiquer la course et la nage, vous constaterez que la formule natation-arts martiaux livre un profil qui a plus de côtés positifs que celui qui est relié à la course et aux arts martiaux.

Les relations amoureuses sont des histoires complexes dont le dénouement peut toujours changer. Alors ne vous faites pas de souci si le choix que vous effectuez est parfois plus ou moins révélateur. Retenez les profils qui s'appliquent à votre situation.

Les points sont alloués en fonction de la valeur scientifique des sujets et de leur importance dans une relation amoureuse. Ils sont répartis de la façon suivante:

1 à 12
La dominante cérébrale

1 à 10
Le rôle familial
L'écriture

1 à 6
L'humour
Votre couleur préférée
Le sommeil
Le sport
Les animaux

La décoration
L'alimentation
Votre naissance

1 à 5
La physionomie
La couleur des yeux
Les mains
Le groupe sanguin

Additionnez les points alloués à chaque profil. Lisez la rubrique qui correspond à votre score final. Vous obtiendrez ainsi votre niveau de compatibilité.

L'idéal est de répondre aux questions ensemble et de lire les profils. C'est une façon amusante de découvrir l'autre, que vous vous fréquentiez depuis deux semaines ou vingt ans. L'important est de répondre honnêtement, sinon cela fausse le jeu.

Bien entendu, la simple lecture d'un profil ne saurait vous inciter à mettre un terme à une relation ou à la prolonger. Il existe sans doute des variables qui influencent votre relation et qui ne sont pas mentionnées dans ces pages. Ce livre n'est pas destiné à remplacer une aide professionnelle si vous avez un problème important à régler.

Cependant, les informations fournies par *Êtes-vous faits l'un pour l'autre?* vous seront utiles pour en apprendre davantage sur votre façon de vous comporter ensemble. Parfois, vous trouverez peut-être que vous n'avez pas grand-chose en commun pour former un couple, ou que vous êtes sujets à entretenir des rapports négatifs. Cela ne signifie pas que vous avez seulement des mauvais côtés; personne n'est parfait. Il y a des gens qui s'entendent à merveille, et d'autres qui doivent faire un effort de plus pour y parvenir. Dans un cas comme dans l'autre, j'espère que ce livre favorisera la compréhension et la bonne entente entre vous. Je vous souhaite de trouver l'âme sœur.

ELLEN LEDERMAN

CHAPITRE 1

La dominante cérébrale

En 1981, le neurochirurgien Roger Sperry remportait le prix Nobel pour avoir établi la preuve de la division du cerveau en deux hémisphères. Selon cette théorie, notre tendance à utiliser davantage un côté du cerveau que l'autre détermine nos capacités physiques et mentales ainsi que notre personnalité. Selon que l'un ou l'autre prédomine chez l'individu, on parlera alors d'esprit analytique et de mémoire verbale, par opposition à l'esprit intuitif et à la mémoire visuelle.

En réalité, ces hémisphères ne fonctionnent pas de façon indépendante; ils communiquent entre eux par l'intermédiaire du «corps calleux». Cependant, chez la plupart des gens, on remarque une nette préférence pour un côté en particulier. Rien de plus simple que de délimiter votre hémisphère dominant: si vous êtes droitier, c'est l'hémisphère gauche; si, au contraire, vous faites partie des 20 % de la population qui sont gauchers, il y a de fortes chances pour que le côté droit de votre cerveau soit le plus souvent utilisé. Il reste que nombre de personnes sont ambidextres, à différents niveaux.

D'autres facteurs peuvent également intervenir lorsque l'on cherche à découvrir le côté dominant du cerveau d'un individu: par exemple, une propension à utiliser davantage un œil, une oreille ou un pied, de préférence à l'autre.

Afin d'établir à quel type vous appartenez, répondez aux questions qui suivent. S'il vous est difficile de répondre sans hésitation à certaines d'entre elles, votre préférence pour un côté n'étant pas particulièrement marquée, voici un conseil: choisissez, dans ce cas, le membre ou l'organe que vous préféreriez conserver si vous étiez forcé, pour le reste de votre vie, de n'utiliser qu'un de vos côtés. Notez bien, pour chacun de vous, quel côté remporte le plus de points. Votre dominante cérébrale devrait être à l'opposé de vos penchants. Par exemple, si vous semblez privilégier le côté droit de votre corps, l'hémisphère dominant de votre cerveau est sûrement celui de gauche. Si le nombre de vos réponses se répartit de façon égale entre les côtés gauche et droit (ce qui est plus fréquent chez les femmes), leurs caractéristiques propres vous sont probablement acquises. Comparez ensuite votre dominante cérébrale avec celle de votre partenaire et poursuivez votre lecture pour en savoir plus long sur la compatibilité de vos profils.

Jeu-questionnaire nº 1

1. Avec quelle main écrivez-vous?
2. Avec quelle main vous grattez-vous le dos?
3. À l'aide d'un crayon, tracez un cercle avec la main droite. Dans quel sens l'avez-vous tracé? Dans celui des aiguilles d'une montre ou l'inverse? Tracez maintenant un cercle avec la main gauche. Si vous avez tracé les deux cercles dans le sens inverse des aiguilles d'une montre, cochez D (droit); si, par contre, vous avez tracé l'un deux ou les deux à la fois dans le sens des aiguilles d'une montre, cochez la lettre G (gauche).
4. De quel côté mastiquez-vous les aliments?
5. De quel pied battez-vous la mesure?
6. Asseyez-vous confortablement et joignez les mains sur vos genoux. Quel pouce est au-dessus de l'autre?
7. Tapez des mains. Quelle main est sur le dessus?
8. Faites un clin d'œil. De quel œil s'agit-il?
9. Au téléphone, de quelle oreille écoutez-vous?
10. Croisez les bras devant vous. Quel bras est par-dessus l'autre?

11. Tracez le profil d'un chien. Si vous avez dessiné un profil tourné vers la gauche, cochez D. Si vous avez dessiné un profil tourné vers la droite, cochez G.
12. Si vous devez frapper un ballon, de quel pied vous servirez-vous?
13. S'il vous était permis de dactylographier ou d'écrire à la main chaque fois que vous avez une lettre à rédiger (sans toutefois combiner les deux) que préféreriez-vous: dactylographier (cochez G) ou écrire à la main (cochez D)?

Personne 1	Question	Personne 2
D G	1	D G
D G	2	D G
D G	3	D G
D G	4	D G
D G	5	D G
D G	6	D G
D G	7	D G
D G	8	D G
D G	9	D G
D G	10	D G
D G	11	D G
D G	12	D G
D G	13	D G

Remarque:

La dominante du cerveau est controlatérale c'est-à-dire que ses effets atteignent le côté du corps qui est opposé à celui où elle agit; ainsi, le côté droit du cerveau est responsable des réflexes transmis au côté gauche, et inversement. Bien que les jeux-questionnaires nos 1 et 2 présentent un nombre impair de questions, vous obtiendrez un score plus élevé soit pour le côté droit, soit pour le côté gauche; il peut arriver toutefois que ni l'une ni l'autre de ces deux séries de questions ne fassent ressortir quelque prédominance à ce niveau. Par exemple, le même côté peut recueillir 8 points au cours du premier jeu et 6 dans le suivant; ce résultat indiquerait que les deux côtés du cerveau sont tout aussi actifs. Dans ce cas, marquez le score obtenu à la page 15 en inscrivant le chiffre 1 dans l'espace réservé au côté du cerveau qui recueille le plus de points, et le chiffre 2 pour ce qui est de l'autre côté. Votre partenaire doit faire de même si ses résultats n'indiquent pas avec netteté la dominance d'un côté. Retenez-les bien: ils vous serviront à établir votre première combinaison (si, par exemple, le chiffre 1 correspond au côté gauche de votre cerveau, et celui de votre partenaire au côté droit du sien, vous devrez ensuite consulter le profil D-G). Lisez aussi la description du profil de la deuxième combinaison; elle vous révélera, sur le couple que vous formez, d'autres aspects qui pourront surgir éventuellement (si vous avez inscrit le chiffre 2 sous le côté droit, par exemple, vous devrez également lire la description du profil D-D).

Jeu-questionnaire n° 2

Si votre partenaire n'est pas disponible pour effectuer le premier jeu-questionnaire, vous pouvez répondre vous-même aux questions suivantes afin de déterminer son côté prédominant. Comme dans le premier jeu, certaines questions pourront soulever des choix qui s'avèrent aussi véridiques l'un que l'autre, mais à des moments différents, cependant. Par exemple, votre partenaire peut, parfois, aimer se détendre en regardant la télévision ou en écoutant de la musique, alors qu'à d'autres occasions il choisira plutôt de faire des mots croisés ou de jouer aux cartes. Essayez de déterminer le choix que votre partenaire aurait fait s'il avait été forcé de trancher entre les deux options offertes de façon définitive.

1. Préférerait-il (elle) dactylographier un texte (D) ou l'écrire à la main (G)?
2. Est-il (elle) doué(e) pour gérer l'argent?
   Si oui, cochez G.
   Si non, cochez D.
3. Comment exprime-t-il (elle) le mieux ses pensées et ses sentiments: avec les mots (G) ou par les gestes (D)?
4. Quelles sont ses activités de détente préférées: regarder la télévision ou écouter de la musique (D)? Les mots croisés ou les jeux de cartes (G)?
5. Au téléphone, est-il (elle) porté(e) à griffonner (D) ou plutôt à rédiger la liste d'épicerie (G)?
6. Est-il (elle) droitier (droitière) (G) ou gaucher (gauchère) (D)?
7. A-t-il (elle) un penchant pour les choses inusitées (D) ou, préfère-t-il (elle) ce qui est familier (G)?

8. A-t-il (elle) tendance à la rêverie (D) ou participe-t-il (elle) plutôt à des activités pratiques (G)?

9. Parmi les loisirs suivants, lesquels préfère-t-il (elle)? (Choisissez l'un des groupes suivants: D ou G).

Excursion-G	Natation-D	Tennis-G	Bicyclette-D
Golf-G	Marche-D	Jardinage-G	Pêche-D
Lecture-G	Camping-D	Écriture-G	Dessin-D

Personne 1	Question	Personne 2
D G	1	D G
D G	2	D G
D G	3	D G
D G	4	D G
D G	5	D G
D G	6	D G
D G	7	D G
D G	8	D G
D G	9	D G

Dans le cas où vos réponses n'indiqueraient pas une nette prédominance de la droite ou de la gauche (soit, 6 points d'un côté ou de l'autre), relisez la remarque qui précède le premier jeu-questionnaire. N'oubliez pas cependant que contrairement à ce premier test conçu pour découvrir vos penchants et dont les résultats doivent être inversés pour déterminer le côté dominant de votre cerveau, le second jeu-questionnaire sert à mesurer votre dominante cérébrale. Conséquemment, si, en répondant au questionnaire des choix, vous cochez un plus grand nombre de D, vous pouvez considérer que vous utilisez davantage votre hémisphère droit.

Personne 1	Dominante cérébrale	Personne 2
_____	droite	_____
_____	gauche	_____

DROIT/DROIT   **10**

La vie n'est jamais ennuyeuse quand le côté droit domine chez les deux partenaires; si c'est votre cas, vous êtes tous les deux enjoués et spontanés comme des enfants. Si vous voulez faire quelque chose, vous le faites tout de suite, sans vous imposer d'avance de longues réflexions et sans éprouver de culpabilité par la suite. Ce trait commun pourra vous assurer une relation durable, à condition de bien vous prémunir contre des gestes trop impulsifs. Céder à l'envie soudaine d'acheter de menus articles ou décider promptement de partir pour le week-end sont, la plupart du temps, sans conséquences fâcheuses, mais laisser libre cours à d'autres caprices pourrait comporter des effets désastreux. Deux partenaires ayant tous deux un côté droit dominant pourront vivre des expériences financières catastrophiques ou des épisodes d'infidélité éprouvants si l'un ou l'autre n'acquiert pas une maîtrise suffisante de ses impulsions.

Aussi doués l'un que l'autre, vous formez un couple qui a du talent. Chacun de vous excelle en effet dans une ou plusieurs disciplines artistiques ou sportives. Naturellement, vous ne vous montrez pas trop compétitif l'un vis-à-vis l'autre, soucieux de préserver l'harmonie de votre relation. Et puisque vous possédez autant de talent, d'imagination et de créativité que votre partenaire, ses dons ne devraient ni vous indisposer ni susciter en vous de l'insécurité. Aucun de vous ne se soucie de la gloire ou de la fortune. Lorsque vous peignez, dessinez, sculptez, dansez, jouez la comédie, courez, faites de la gymnastique ou de l'athlétisme, vous le faites pour le plaisir de le faire. C'est un moyen d'exprimer votre individualité, et non pas une manière d'acquérir de la richesse ou de la reconnaissance.

Les individus dont le côté droit est dominant n'ont toutefois pas reçu le don de la parole et s'expriment difficilement avec des mots. Ne parlant pas volontiers de leurs sentiments et de leurs besoins, ils choisissent généralement de les transmettre autrement et de communiquer de façon non verbale. Alors que les couples à prédominance gauche se limitent bien souvent à faire usage de paroles pour se déclarer leur amour ou pour s'excuser, vous ferez preuve d'originalité en utilisant des moyens plus créatifs pour dire «je t'aime», ou «je m'excuse», trouvant un cadeau approprié, dessinant une carte ou un portrait, ou encore, en provoquant le «petit quelque chose» tellement plus éloquent que les mots.

DROIT/GAUCHE   **12**

Un couple dont les partenaires ont des côtés dominants opposés offre une image pleine de contrastes. Le partenaire dont le côté droit est dominant est impulsif, alors que l'autre prévoit tout. Le premier est intuitif et visuel, le second, rationnel et verbal. La nature sérieuse de l'un s'oppose continuellement à la spontanéité enfantine de l'autre. Ainsi, le partenaire au côté gauche dominant a tendance à toujours être bien mis alors que son «opposant» se montre plutôt bohème et fantaisiste dans le choix de ses vêtements. Celui-ci apprécie d'ailleurs la variété et le changement, contrairement à son partenaire, plus à l'aise dans un cadre rigide marqué par la stabilité.

Vos différences seront donc souvent source de malentendus et de discussions. La personne que vous chérissez (côté gauche) ne comprendra jamais pourquoi vous ne parvenez pas à calculer le solde de votre compte en banque ou, à l'inverse, votre partenaire (côté droit) sera exaspéré par votre tendance à examiner, avec un soin presque maniaque et avant même de prendre des décisions, toutes les conséquences que celles-ci pourraient comporter. La personne du côté gauche dominant a la parole facile; son partenaire à dominance droite n'ayant pas ce talent d'éloquence, il peut lui arriver de glisser une parole inappropriée en tentant d'exprimer à l'autre ses sentiments, suscitant ainsi sa frustration et son mécontentement. Un effet de leur opposition fera que l'humeur de l'un oscillera selon les émotions relativement stables de l'autre. Leurs loisirs seront également diamétralement opposés: le côté gauche apprécie les activités compétitives comme le golf, le tennis, ou le bridge, les échanges verbaux, comme la lecture ou l'écriture tandis que le côté droit préfère les activités extérieures comme la natation, le camping, les excursions, la pêche, et même, à la rigueur, ne rien faire d'autre que de se détendre.

On comprendra qu'une relation de ce genre peut aussi bien s'épanouir en beauté que s'interrompre après un court laps de temps, car elle dépend beaucoup du degré de tolérance de chacun. Vous éprouverez peut-être du ressentiment à l'égard de votre partenaire, le jugeant trop différent de vous. Peut-être même serez-vous parfois tenté d'essayer de le changer, vous efforçant de lui faire passer ses «mauvaises habitudes». Bien entendu, cette stratégie n'est pas recommandée. Il est de loin préférable d'apprendre à accepter vos différences et de percevoir les qualités de votre partenaire; de fait, elles sont extrêmement favorables puisqu'elles complètent admirablement bien les vôtres!

GAUCHE/GAUCHE   8

Vous êtes tous deux disposés à mener votre relation comme une affaire. Autant que possible, vous essayez d'empêcher les émotions qui risquent d'interférer dans vos vies. Les couples au côté droit dominant agissent avec leurs tripes, mais pas vous. Au contraire, vous veillez tous les deux à garder les choses à leur place, de façon organisée et selon un horaire précis. L'efficacité est un but à atteindre et vous y travaillez tous les deux ardemment. Cela s'avérerait beaucoup trop coûteux en temps et en énergie d'essayer de composer avec certains de vos sentiments; lorsque ceux-ci surgissent, vous avez tendance à les ignorer, préférant vous concentrer sur vos besoins matériels. Vous ne réalisez pas que cette pratique peut être périlleuse pour votre bonheur et pour l'harmonie de votre vie à deux. Si vous ne faites pas l'effort de communiquer avec votre partenaire, votre relation ne s'épanouira jamais et se détériorera graduellement.

Par ailleurs, il vous est facile de verbaliser vos pensées, les individus dont le côté gauche domine étant très doués pour s'exprimer oralement. Pour régler un conflit, lorsque vous parvenez finalement à trouver un moment dans votre journée entièrement planifiée, n'hésitant pas à perturber un horaire chargé afin de communiquer ce qui vous préoccupe, vous n'avez pas à chercher de midi à quatorze heures pour vous vider le cœur. Mais vous avez tous deux tendance à vouloir tout expliquer, et à éluder la vraie question du litige. Étant plus doués pour analyser vos émotions que pour les ressentir, vous supporterez plus aisément les coups durs et les luttes éternelles qui menacent généralement l'équilibre des autres couples. Cependant, votre relation pourra devenir un tant soit peu mécanique et superficielle.

Car la spontanéité ne surgit pas souvent dans votre vie. Préférant tout planifier, vous agissez de façon rationnelle et organisée, comme toutes les personnes dont le côté gauche domine. Dans le monde des affaires, cela constitue un atout, mais dans votre vie sentimentale, la rationalisation exagérée peut comporter des risques. Votre vie pourrait devenir rapidement prévisible et ennuyeuse si vous n'y ajoutez pas un brin de fantaisie. Laissez des blancs dans votre agenda, organisez de petites surprises de dernière minute (improvisez un pique-nique) simplement pour le plaisir de le faire.

CHAPITRE 2

Le rôle familial

Les membres de votre famille ne jouent peut-être plus un rôle très actif dans votre vie quotidienne, mais ce sont eux qui au cours de votre enfance, ont modelé votre personnalité. La place que vous occupez au sein de votre famille parmi vos frères et sœurs a un effet direct sur votre comportement avec les gens et avec le monde en général. En effet, vous avez certainement été traité d'une façon particulière selon que vous étiez l'aîné, le cadet, le benjamin ou l'enfant unique. Par exemple, l'aîné est parfois plus proche de ses parents et plus discipliné que les enfants arrivés après lui. Il peut présenter des traits de caractère particuliers, se montrer souvent plus responsable, plus consciencieux et plus autoritaire que le cadet. Ces traits de votre personnalité acquis durant l'enfance se reflètent sur votre vie adulte, plus particulièrement sur votre relation amoureuse.

Pour découvrir votre degré de compatibilité avec votre partenaire, comparez le rang que vous occupez l'un et l'autre dans vos familles respectives et lisez la description qui y correspond. Remarquez qu'en certaines circonstances, cette description ne reflétera pas de façon précise les expériences que vous avez vécues au cours de votre enfance. Par exemple, si le benjamin est né plusieurs années après ses frères et sœurs, il peut avoir été élevé comme un enfant unique (particulièrement si ces derniers ont quitté le foyer assez tôt). De la même façon, l'aîné qui aura vécu plusieurs années sans frère ni sœur pourra se comporter comme un enfant unique.

Déterminez votre place exacte et la description qui y correspond en discutant avec les membres de votre famille. Si toutefois la situation ne vous semble pas claire, consultez les remarques qui suivent.

Aîné (écart de 18 ans et plus)
Considérez-vous comme un enfant unique.

Aîné (écart de 7 ans et plus, et de moins de 18 ans)
Vous avez autant les traits d'un enfant unique que ceux d'un aîné. Cochez les deux cases.

Benjamin (écart de 18 ans et plus)
Considérez-vous comme un enfant unique.

Jumeaux
Curieusement, on considère que les jumeaux ont également un **rang dans la famille** même s'il diffère de quelques minutes ou de quelques heures. Si votre jumeau est le seul frère que vous ayez, l'un d'entre vous sera ou non considéré comme l'aîné. Si vous n'avez que des frères et sœurs aînés, le premier-né des jumeaux est le cadet, alors que le plus jeune est le benjamin de la famille. Si vous avez des frères et des sœurs plus âgés et plus jeunes que vous, considérez-vous tous les deux comme des cadets.

Personne 1	*Rang dans la famille*	*Personne 2*
————————	Unique	————————
————————	Aîné	————————
————————	Cadet	————————
————————	Benjamin	————————

Remarque:
Si vous avez coché plus d'une case (unique, aîné) comparez vos réponses avec celles de votre partenaire puisque vous présentez les caractéristiques de deux profils distincts. Par exemple, si votre partenaire est le benjamin de sa famille, vous lirez les descriptions Unique-Benjamin, et Aîné-Benjamin.

UNIQUE/UNIQUE   7

Si votre partenaire et vous-même avez grandi seuls, vous avez probablement plus confiance en vous-même que la plupart des gens. Vous êtes bien dans votre peau, ce qui vous permet de poursuivre une relation dépourvue des mesquineries, des jalousies ou des insécurités fréquentes chez d'autres couples. Vous êtes tous deux raffinés et mondains et fréquentez une foule d'endroits et de gens intéressants. Chacun de vous a développé le don de parler, et d'exprimer ses sentiments et ses pensées, ce qui vous permet d'éviter les malentendus que pourrait susciter un manque de communication.

Mais des conflits peuvent aussi surgir si vous êtes deux enfants uniques. Vous êtes très indulgents envers vous-mêmes, chacun choisissant spontanément de faire ce qui lui plaît au lieu de rechercher le bien-être commun et l'harmonie. Agissant de part et d'autre, de façon égoïste, vous remarquerez avec le temps, que vous vous éloignez doucement l'un de l'autre. Et puisque vous êtes tous les deux extrêmement autonomes et indépendants, il y a de fortes chances que vous vous soyez négligés mutuellement à force de vous concentrer sur vos objectifs personnels. Cela s'avérerait évidemment désastreux pour votre relation. Vous feriez mieux de jouer un rôle plus actif dans la vie de votre partenaire si vous désirez y rester.

UNIQUE/AÎNÉ   8

D'abord les bonnes nouvelles. L'enfant unique s'accommodera particulièrement bien du sang-froid et de la discipline de l'aîné, qualités lui permettant d'accomplir beaucoup de choses.

Malheureusement, il vous arrivera souvent de ne pas vous comprendre. L'aîné adoptera le plus souvent une attitude conformiste, alors que l'enfant unique n'hésitera pas à se laisser séduire par la nouveauté ou à explorer l'inconnu. Très épris d'aventure, celui-ci désapprouve le besoin d'approbation de l'aîné. L'enfant unique juge futile d'essayer de plaire à tout le monde et s'efforce seulement d'être lui-même. L'aîné ne partage pas son point de vue et devient vite assommant à force de vouloir plaire à tous. Il lui arrive même de s'offusquer de la nature indépendante de l'enfant unique, sentant que ce dernier ne se préoccupe pas suffisamment de son bonheur. L'aîné se montre parfois jaloux et angoissé, et l'enfant unique, avec toute son assurance, est souvent incapable de composer avec ces émotions. Toutefois, étant doué verbalement, l'enfant unique saura exprimer ses sentiments amoureux, ce qui aura pour effet de rassurer l'aîné et d'apaiser le climat orageux de leur relation.

UNIQUE/CADET 9

En général, ils s'entendent bien, leurs différences ne les empêchant nullement de se compléter. L'enfant unique est plutôt solitaire alors que le cadet est très sociable. Une relation étroite avec un cadet aidera donc l'enfant unique à accroître son réseau d'amitiés et l'empêchera de se replier sur lui-même et de devenir trop casanier. Pour sa part, l'enfant unique favorisera la croissance personnelle du cadet en lui proposant sa méthode d'introspection afin d'apprendre à mieux se connaître.

Une autre différence complémentaire concerne leur degré d'ambition. Alors que l'enfant unique nourrit un vif désir de réussite, le cadet cherche surtout à se rendre la vie plus agréable. Cette absence d'ambition plaît du reste à l'enfant unique qui bénéficie du souci que lui témoigne le cadet et de son goût pour l'hédonisme. Seule ombre au tableau: alors que l'enfant unique jouit d'une grande stabilité émotive, le cadet éprouve plus souvent qu'à son tour, d'importantes fluctuations d'humeur. Celui-ci évitera donc de tomber dans les extrêmes et essaiera d'agir de la façon la plus stable possible, son partenaire ayant la tâche difficile de s'ajuster à ses hauts et ses bas.

UNIQUE/BENJAMIN 5

Ils sont différents comme le jour et la nuit. Le benjamin est un grand émotif et l'enfant unique, un réservé plus porté sur la verbalisation de ses sentiments que sur les actions bien concrètes. La dépendance les guette tous deux. L'habitude de se fier aux autres qui caractérise le benjamin constitue une aberration pour l'enfant unique qui a toujours réprimé son propre besoin de se prémunir contre les dangers et le stress de la vie. Le besoin de protection du benjamin indignera l'enfant unique, lequel souhaiterait qu'on s'inquiète de lui à son tour, lassé d'être constamment le meneur.

Si vous êtes le benjamin, méfiez-vous aussi des tactiques de l'enfant unique. Très confiant en lui-même, il s'attend à recevoir automatiquement ce qu'il désire sans même penser à demander ou à négocier. Le plus jeune, lui, ne prévoit pas donner; il est conscient de la nécessité de travailler fort pour pouvoir arriver à ses fins, et il emploiera tous les moyens (même tortueux) pour obtenir ce qu'il désire. Évidemment, les habitudes de l'un pourront avoir pour effet de contrarier l'autre.

Ce type de relation, comme toutes les autres, comporte sa part de problèmes et ses bons côtés. L'originalité de l'enfant unique et ses aptitudes intellectuelles, ainsi que la créativité du benjamin peuvent néanmoins les entraîner à mener une vie particulièrement stimulante. Il n'y a pas de limites aux défis qu'ils peuvent se lancer.

AÎNÉ/AÎNÉ 6

Ils se ressemblent tellement que la vie commune risque encore d'accentuer leurs traits et faire ressortir leurs mauvais côtés. Puisqu'ils attendent beaucoup l'un de l'autre, chacun s'efforcera d'être le conjoint idéal. Si vous et votre partenaire êtes deux aînés, la confiance entre vous sera un gage de stabilité au cœur de votre relation. Aussi consciencieux et ambitieux l'un que l'autre, vous travaillerez avec une égale efficacité en vue d'accomplir tout ce que vous désirez. Grâce à vos natures indépendantes, vous vous accorderez suffisamment d'espace pour que chacun de vous puisse grandir en tant qu'individu.

Ces précieuses caractéristiques pourraient toutefois causer quelques perturbations au sein de votre relation, les objectifs élevés que vous vous fixez engendrant l'insatisfaction s'ils n'ont pas été comblés. Si vous ne vous sentez pas bien avec vous-même, vous ne vous sentirez pas bien à l'égard de l'autre. L'esprit de compétition pourra donc s'insinuer entre vous; partageant les mêmes aptitudes, vous avez tendance à jalouser votre partenaire lorsqu'il aura plus de succès que vous. Au lieu de l'encourager, vous dresserez même des obstacles sur son chemin. Votre ressemblance et le fait que vous partagiez certaines qualités pourront être une source de conflits.

Par conséquent, abstenez-vous d'essayer des trucs nouveaux ou différents ensemble et évitez ainsi de vous enfoncer dans l'ornière. Et puisque, en tant qu'aînés, vous avez de la discipline et de l'entrain pour accomplir tout ce que vous voulez, faites en sorte que votre relation s'épanouisse. Vous avez tous deux le talent nécessaire pour y arriver.

AÎNÉ/CADET   10

Votre relation sera heureuse, en grande partie grâce à la nature accommodante du cadet. Même si vous êtes différents, vous êtes capables de fonctionner d'égal à égal. Le cadet ayant appris à côtoyer toutes sortes de gens, c'est un négociateur adroit qui empêchera l'aîné de devenir un peu trop dictateur. Au début, l'aîné se montrera réticent à faire des compromis, mais le cadet saura le convaincre des avantages qu'il pourrait en retirer.

L'aîné et le cadet se complètent de plusieurs façons; le premier est très ambitieux alors que le second s'intéresse davantage aux relations humaines. Et parce que l'aîné est plus enclin au travail, il œuvre dans un but bien précis tandis que le cadet, appréciant davantage la compagnie des gens et se souciant beaucoup plus des aspects sociaux de sa vie, aura tendance à se disperser dans ses activités. Plus indépendant, l'aîné se motive tout seul et son tempérament besogneux influencera favorablement son cadet.

AÎNÉ/BENJAMIN   1

Vous devrez faire des efforts considérables pour trouver un terrain d'entente, car vous avez des points de vue complètement différents. Le benjamin est d'une humeur enjouée, alors que l'aîné est tendu et sérieux. Il est en outre très conservateur, contrairement au benjamin qui n'aime pas se conformer aux traditions. Loin de partager l'esprit créatif de celui-ci, l'aîné a les deux pieds sur terre; il est trop occupé à composer avec les vicissitudes quotidiennes pour s'attarder à la beauté du monde.

Les différences entre l'aîné et le benjamin ne s'estomperont jamais vraiment, mais ils pourront apprendre à partager leurs soucis plutôt que de s'en irriter continuellement. Si avez le rôle de l'aîné dans ce duo inégal, acceptez le benjamin pour ce qu'il est sans exiger de lui la perfection. Lorsqu'il sentira le besoin de se sociabiliser davantage et de s'intégrer à des groupes, il poursuivra généralement ces démarches seul de son côté puisque vous ne vous plaisez pas dans le même champ d'activités. Soyez conscient des luttes pour le pouvoir qui pourront surgir au cours de votre relation. À l'occasion, le benjamin voudra sa part de pouvoir que vous aurez la générosité de lui céder courtoisement, conservant ainsi la véritable autorité dont vous refuserez toujours de vous départir en sa faveur, ne le considérant pas comme votre égal. Vous vous entendrez beaucoup mieux si vous discutez honnêtement de vos besoins et de vos inquiétudes afin de trouver des solutions équitables.

CADET/CADET 7

Il y a beaucoup de points positifs dans une relation impliquant deux cadets. Vous avez des talents réciproques et comme vous êtes tous deux doués pour découvrir, aussi bien vos sources d'embarras que les solutions à vos problèmes, vous vous comporterez de façon très efficace ensemble. D'autres partenaires pourront éprouver de la difficulté devant votre caractère changeant, mais un autre cadet comprendra immédiatement vos sautes d'humeur. Vous n'aurez donc pas beaucoup de difficulté à vivre en harmonie, et même si cela vous arrive, votre habileté commune à faire des compromis pourra encore consolider votre relation. N'ayant ni l'un ni l'autre l'esprit de compétition, vous ferez tout ce que vous pouvez pour vous aider mutuellement.

Seul élément négatif au tableau, aucun de vous ne risque de s'améliorer au cours de cette union trop égale. Car en vous préoccupant tellement l'un de l'autre, vous écartez peu à peu vos amis et les perdrez bientôt de vue si vous n'y prenez garde. De plus, comme vous n'êtes pas trop ambitieux, n'encourageant pas votre partenaire à voir grand et à travailler pour atteindre ses buts; vous entretenez son côté conformiste, vous éloignant tous les deux de ce qui serait innovateur ou différent. Il ne fait aucun doute que cette relation vous comblera d'aise, mais ce confort trop douillet pourra à la longue diminuer votre force individuelle et compromettre votre croissance personnelle.

CADET/BENJAMIN   8

Un cadet et un benjamin peuvent réussir à s'entendre, à condition de surmonter un important obstacle. Car même si le cadet est très tolérant, il pourra éprouver un malaise devant la dépendance du benjamin, étant lui-même plus autonome. Un désaccord sérieux pourrait donc survenir entre eux, si le cadet prend le dessus. Évidemment, le meilleur moyen d'éviter le conflit est que le benjamin apprenne à compter sur lui-même et à moins exiger de la part de son partenaire.

Une fois ce problème réglé, vous devriez être heureux ensemble. Vous ne serez peut-être pas riches matériellement, mais vous aurez une vie sociale remplie et vous vous amuserez beaucoup. Grâce à sa nature enjouée et à son sens de l'humour indéfectible, le benjamin s'accommodera du tempérament instable du cadet. Même lorsque celui-ci sera d'une humeur morose, le benjamin trouvera le moyen de le faire rire et de l'aider à découvrir sa propre personnalité au lieu de se conformer aveuglément aux convenances. Et lorsque le benjamin se montrera plus ou moins direct pour obtenir ce qu'il veut, le cadet, qui connaît bien la nature humaine, le tolérera.

BENJAMIN/BENJAMIN   6

Vous pourriez former ce qu'on appelle un couple idéal... ou encore, un couple infernal. Votre compatibilité et ses effets sur votre union dépendent de la façon dont vous avez été traités dans vos familles respectives. Si vos aînés vous ont témoigné du respect et de l'affection, vous comblerez votre partenaire de douceur et de gentillesse. Mais si on s'est moqué de vous, ou si on a profité de vous, vous éprouvez sans doute déjà de la difficulté à faire confiance aux personnes qui vous entourent. Si c'est votre cas, vous ne pouvez envisager un rapport positif avec votre partenaire, profitant sans cesse de lui et essayant de le mener par le bout du nez. Chacun de vous risque alors d'adopter une attitude offensive afin d'éviter d'être blessé le premier.

Pourtant, comme nous l'avons mentionné plus haut, les benjamins ayant été bien acceptés par leurs proches, ce sont généralement des êtres doux et stimulants, capables de mettre en valeur leurs aptitudes et les vôtres. Ensemble, vous pourrez atteindre des seuils élevés de créativité et de spiritualité, devenant ainsi les personnes que vous devriez être. Vous ne perdrez toutefois pas vos natures enjouées. Au contraire, elles rehausseront votre bonheur car vous savez comment les libérer et en tirer du plaisir. Le stress quotidien ne vous atteindra pas autant que les autres couples et il vous restera plus d'énergie à consacrer à votre relation. En vous efforçant de parfaire votre union, vous vivrez une aventure très particulière.

CHAPITRE 3

Écriture

L'analyse de l'écriture se pratique depuis plusieurs années, mais la graphologie est depuis peu reconnue par les milieux scientifiques. L'opinion selon laquelle l'écriture refléterait la personnalité de celui ou de celle qui écrit s'est également répandue dans les milieux d'affaires et plusieurs directeurs de compagnie y ont recours avant d'embaucher une personne ou d'en promouvoir une autre à un poste supérieur.

On analyse l'écriture en considérant plusieurs de ses caractéristiques (inclinaison, pression, dimension, signes de ponctuation et points sur les i). Toutefois, la signature est une marque personnelle qui révèle à la fois la perception que nous avons de nous-mêmes et celle que nous souhaiterions produire sur les autres.

Afin de découvrir les éléments de compatibilité existant entre vous et votre partenaire, prenez une lettre ou un chèque signé de votre main, trouvez le type de signature qui correspond à la vôtre et faites de même avec la signature de votre conjoint. Comparez vos réponses et lisez la description qui correspond au couple que vous formez.

TYPE A

Pas d'inclinaison à droite ou à gauche, ni de fioritures. Le nom n'est pas souligné et facile à lire.

John Doe

TYPE B

Le nom est orné de larges majuscules, de fioritures, ou souligné d'un trait ondulé.

Sue Coleman

Carole Johnson

TYPE C

Le nom est souligné d'un trait droit ou en zigzag, ou encore d'un trait vif.

Andrew Jefferson

Clint Peterson

Roberta Shipley

TYPE D

Le trait final s'effectue au-dessus du nom ou en encerclant ce dernier; signature illisible.

Seth Holdaman

George Charles

TYPE E

Inclinée à gauche.

Betty Arthur

TYPE F

Inclinée à droite.

Karen Evens

TYPE G

Tournée vers le haut.

Betsy Webb

TYPE H

Tournée vers le bas.

David Jones

TYPE I

Lisible au début mais s'estompant à la fin.

Chris Robertsn

Personne 1	Type	Personne 2
_____	A	_____
_____	B	_____
_____	C	_____
_____	D	_____
_____	E	_____
_____	F	_____
_____	G	_____
_____	H	_____
	I	

A/A	**10**

Vous vous entendez bien parce que vous agissez toujours d'une façon honnête et directe l'un envers l'autre. Pas de faux semblant et de manèges entre vous, vous êtes tous les deux vous-mêmes et vous vous sentez bien dans votre peau. Vous êtes en mesure d'accepter et d'encourager votre partenaire.

A/B	**10**

Merveilleuse relation! Vous avez un grand cercle d'amis, mais vous éprouvez également beaucoup de plaisir en passant du temps ensemble. A apprécie grandement les étincelles que provoque la créativité de B. De son côté, B se sent rassuré par le côté terre à terre de A, sachant qu'il peut lui faire confiance. A est un partenaire encourageant, même lorsque B manque de discernement.

A/C	**9**

Vous formez un couple dynamique. Bien que C tende à assumer le rôle du meneur, A ne s'en fait habituellement pas lorsque son partenaire lui vole la vedette. Ensemble vous vous sentez libres d'explorer le monde et de découvrir toutes ses facettes. Vous disposez chacun d'une bonne santé mentale et donnez une place de choix à l'humour et à la tendresse dans votre relation.

A/D	3

D sera plus à l'aise avec un partenaire accommodant et stable comme A, mais ce sentiment ne sera pas partagé. A s'efforcera de tempérer les inquiétudes de D, mais il pourra s'impatienter au point de tout laisser tomber. L'incessant besoin de D d'être rassuré et encouragé va peu à peu épuiser A. L'avenir de leur relation n'est pas prometteur, à moins que D n'apprenne à calmer ses doutes et ses peurs face au monde en général.

A/E	6

Votre couple vivra sans trop de problèmes même si A ne comprendra pas toujours le comportement de son partenaire. Agissant franchement et sans détours, E déteste les manigances et il accepte difficilement que quelqu'un d'autre puisse en user. Cependant, souvent trop réservé pour exposer son point de vue, il se retient généralement de le faire et fait preuve de la même discrétion en ce qui concerne ses sentiments. Cela pourrait incommoder d'autres partenaires que A, lequel se montre assez solide pour apprécier son conjoint malgré le fait qu'il soit incapable de partager ses émotions.

A/F	7

Bien que vous soyez assez différents l'un de l'autre, vous vous acceptez bien mutuellement et formez un couple très tendre. F étant beaucoup plus réservé que A; il ne communiquera pas aisément. Toutefois A pourra l'encourager à se laisser aller et à devenir plus spontané. Dès que F consentira à sortir de sa coquille, il deviendra pour A un partenaire très agréable.

A/G	10

Les couples A-G sont vraiment passionnants. Déjà plein d'énergie et résolu lorsqu'il est seul, A devient encore plus vif en présence de G. Ce dernier, ambitieux et nourrissant de grands rêves, impliquera A dans ses projets. Il n'y a pas de limites aux plaisirs et aux succès qu'ils pourront obtenir ensemble.

A/H	7

H ne se révèle pas un partenaire parfait pour A. Ce dernier est cependant assez équilibré pour venir à bout des aspects négatifs de leur association. Heureusement, la stabilité émotive de A et sa nature optimiste ne sont pas affectées par les fréquentes crises de mélancolie de H. En fait, A sera un véritable soutien pour H et l'encouragera à considérer le monde sous un jour plus heureux.

A/I	2

Il existe des problèmes de base inhérents au duo A-I. I mène une vie dissolue alors que A, dans sa recherche d'un constant équilibre, accorde une extrême importance à sa relation et aux choses qui l'entourent. A éprouvera donc de la difficulté à accepter les ruses impitoyables dont I n'hésite pas à se servir pour obtenir ce qu'il désire. La duplicité de I s'oppose complètement à la franchise de A qui possède un sens moral très élevé.

B/B   **3**

Vous partagez une vie remplie de moments merveilleux, car vous êtes tous deux très sociables. Malheureusement, les choses ne vont plus aussi bien lorsqu'il s'agit de passer du temps ensemble, car vous souffrez l'un et l'autre de ne pas être le centre d'attraction. Cela provoquera de nombreuses crises, particulièrement si vous sentez que votre partenaire ne fait pas suffisamment attention à vous.

B/C   **7**

Certaines personnes pourraient trouver insupportable de vivre avec B. L'assurance de C lui permet toutefois de ne pas s'en faire quand B ne peut s'empêcher de crâner. Il sait comment s'y prendre pour obtenir ce qu'il désire dans la vie et ne se sent pas menacé par l'arrogance dont B peut faire preuve à tout moment. C'est leur admiration mutuelle qui aidera les deux partenaires à s'entendre, chacun étant doté d'un cran à toute épreuve et d'un esprit fougueux.

B/D   **1**

La préférence de D pour l'intimité et la tranquillité contraste avec le style de vie flamboyant que recherche B. Tous les deux devraient donc consentir à des compromis et trouver un terrain d'entente afin de se sentir à l'aise. Si vous parvenez à une telle association, votre relation et vos vies individuelles prendront une nouvelle dimension au fur et à mesure que D deviendra moins casanier ou que B apprendra à jouir de la tranquillité qu'apportent la contemplation et la réflexion.

B/E 9

Vous avez des points très compatibles. Jouissant tous deux d'une nature rieuse, vous vous faites facilement des amis. Même si on vous invite souvent, vous aimez également passer des moments seuls tous les deux, préservant ainsi votre précieuse intimité. Celle-ci est particulièrement importante pour E qui souffre d'insécurité et recherche, à l'occasion, l'attention exclusive de son partenaire.

B/F 10

Chacun fait ressortir les meilleurs côtés de l'autre. B aide F à vaincre sa timidité et lui facilite ses rapports avec les autres. En retour, F fait preuve d'un esprit logique et d'un grand bon sens, tempérant le comportement impulsif de B et lui évitant ainsi bien des problèmes.

B/G 9

Estimez-vous chanceux d'être un couple B-G. Vous êtes tous les deux positifs et vous espérez ce qu'il y a de mieux dans la vie. G peut parfois se révéler un travailleur forcené mais B l'aide généralement à modérer ses élans en lui montrant à se détendre et à avoir du plaisir. Réciproquement, l'ambition et le zèle de G empêcheront B de sombrer dans l'hédonisme et la paresse.

B/H 1

L'union B-H ne sera pas facile, car les besoins des deux associés sont fort différents. H ayant tendance à se décourager souvent, un partenaire compréhensif lui serait d'un grand secours.

Mais B se préoccupe presque exclusivement de lui-même, si bien que les besoins de H lui échappent complètement. Vous devrez changer tous les deux si vous désirez que votre relation s'améliore. H devra s'affirmer davantage et exprimer ses désirs tandis que B s'efforcera de détourner son attention de sa propre personne. Aussitôt que vous aurez modifié vos comportements, vous vous découvrirez plus doués pour la vie commune.

B/I   **8**

Bien qu'ils soient fréquemment en désaccord, leur relation peut représenter un défi intéressant pour chacun. I respecte l'imagination et la créativité de B tandis que ce dernier admire la présence d'esprit et l'intelligence de son partenaire. La perspicacité et le bon sens de I empêcheront B de se donner de grands airs et de devenir imbu de lui-même.

C/C   **5**

Les conflits surgiront fréquemment entre deux C parce qu'ils sont tous les deux dotés de fortes personnalités. Devenus champions dans l'art de l'affirmation de soi, ils ne céderont pas promptement aux demandes des autres. Si vous faites équipe avec l'un de vos semblables et si vous réussissez à négocier quand survient un éclat, et surtout, à élaborer des solutions valables, vous mènerez ensemble une vie heureuse et productive.

C/D   **3**

Vous abordez la vie d'une façon complètement différente. Croyant vraiment que le monde lui appartient, C se montre avide de l'explorer au plus tôt. Quel contraste avec D qui rêve plus ou moins de se retirer du monde. Afin de maintenir une certaine stabilité entre vous deux, il est impératif que D accorde suffisamment de liberté à C, sinon ce dernier risque de se sentir à l'étroit. Il aura, quant à lui, intérêt à encourager D à développer sa confiance en lui.

| C/E | 8 |

Aucun problème ne menace une pareille association. E peut souffrir d'insécurité à l'occasion, mais, grâce à sa confiance en lui, C l'aidera à contrôler ses peurs. C se concentre surtout sur ses objectifs et s'intéresse peu aux gens. E le complète donc à cet égard en créant et en développant facilement des liens d'amitié avec les personnes qui l'entourent. Malgré les traits qui les distinguent tous deux, ils peuvent certainement être heureux ensemble.

| C/F | 8 |

F n'ayant aucune confiance en lui-même, ses peurs l'empêchent souvent d'atteindre ses buts ou de vivre de nouvelles expériences. Cependant lorsqu'il s'unit à un être intrépide comme C, il devient peu à peu l'individu qu'il souhaiterait être. Conséquemment, cette relation pourra paraître plus particulièrement bénéfique à F. Toutefois, C en tirera profit également, car le fait de s'occuper de quelqu'un lui évitera de se replier sur lui-même.

| C/G | 10 |

Les C et les G obtiennent ordinairement tout ce qu'ils désirent de la vie. Tous les deux optimistes et déterminés, ils consacrent une grande partie de leur énergie à la recherche du bonheur. Encouragez votre partenaire dans ses efforts et vous lui fournirez tout l'appui nécessaire pour atteindre le septième ciel. Les autres couples vous envieront tout ce que vous avez accompli.

C/H	3

Les deux partenaires ne disposent pas du tout de la même somme d'énergie. Alors que C ne craint aucun obstacle, H est habituellement trop fatigué pour essayer de lutter contre l'adversité. S'il souhaite s'unir à C, H s'efforcera d'abandonner moins facilement la partie. En revanche, C devra éviter de pousser constamment H à en faire plus et lui prodiguera plutôt des encouragements.

C/I	6

I n'est pas l'individu le plus délicat; il est généralement dépourvu de tact, et il ne manifeste jamais son affection en public. C est cependant capable de l'accepter tel qu'il est — étant lui-même bien dans sa peau —, il n'a pas besoin de serments ni d'un partenaire qui lui déclare son amour à tout bout de champ. Même lorsque I laisse échapper une phrase irréfléchie ou cruelle, C sait comment riposter. Leur relation ne sera pas des plus tendres, mais ils pourront cohabiter paisiblement, même si leurs liens ne sont pas tissés d'émotions profondes.

D/D	8

Deux D jouiront d'une relation très étroite, tous deux ayant tendance à vouloir s'isoler du monde. En conséquence, ils passeront beaucoup de temps ensemble, le plus souvent à la maison, et seulement tous les deux. Certains diront que leurs goûts casaniers sont malsains, mais ils n'en changeront pas pour autant, sachant ce qui leur convient le mieux.

D/E   **4**

En apparence, ils sont plus ou moins compatibles. Contrairement à E qui est très ouvert, D ne s'intéresse vraiment qu'à son petit univers. E ne se sent pas forcément lésé par le besoin d'intimité de D, mais il aura de la difficulté à s'habituer à sa froideur. Ce trait subsistera toujours néanmoins et il faudra veiller à ce qu'il ne détruise pas la bonne entente des partenaires. Si E n'insiste pas trop auprès de D pour qu'il se rapproche, constatant de fait que sa nature peu démonstrative n'est pas synonyme d'une absence d'intérêt à son égard, leur union est sur la voie de l'épanouissement.

D/F   **3**

Vous devrez faire preuve de détermination pour aider D à vaincre sa timidité. Si vous ne respectez pas cette résolution, vous renforcerez votre tendance commune à éviter les autres. À l'inverse, si vous laissez F mener la barque, il s'établira entre vous un climat chaleureux et douillet. D se sentira moins menacé et sera tenté de développer avec vous des liens plus étroits.

D/G   **1**

Vous êtes tous deux complètement différents. Tandis que G voit tout en rose, D se méfie de tout et de rien. G veut tout obtenir de la vie alors que D est porté à s'isoler et, sinon à végéter, du moins à vivre de façon passive. Vos personnalités se compléteront harmonieusement si vous exploitez vos différences. Par exemple, laissez D effectuer les tâches ménagères comme il en a envie pendant que vous partirez à la conquête du monde.

D/H	**7**

Vous n'influencerez pas la croissance émotive, sociale ou intellectuelle de votre partenaire, mais vous vous accommoderez de la situation. Vous aurez tendance à vous isoler ensemble plutôt que de vous consacrer à accroître votre réseau d'amis. Vous ne vivrez jamais des expériences périlleuses. Toutefois, vous serez totalement dévoués l'un à l'autre.

D/I	**9**

Bien qu'il existe quelques différences entre D et I, ils communiquent bien ensemble. Le cynisme de I pourrait en décourager plus d'un, mais D n'ayant pas une nature très optimiste, il sera impressionné par son point de vue sardonique. De son côté, I étant plutôt désenchanté par les réalités de la vie, il appréciera les qualités de son partenaire et ses goûts d'évasion ne lui déplairont pas. Ensemble, ils créeront une vie familiale des plus saines et formeront une union pleine de cordialité.

E/E	**3**

Vous êtes tous les deux affectueux et ouverts, mais vous nourrissez la même crainte de partager votre intimité. Lorsque des situations deviennent trop intenses, l'un d'entre vous cherche à s'isoler, établissant une distance entre vous. À moins que vous ne fassiez l'effort nécessaire pour discuter de façon calme et rationnelle, votre relation sera peuplée d'inquiétudes, parce que vous ne saurez jamais vraiment ce que vous représentez l'un pour l'autre.

E/F	7

Ils sont exactement à l'opposé l'un de l'autre. E est d'une nature sociable, alors que F est introverti. Par contre, ils refusent tous les deux d'accepter leurs véritables natures. E craint constamment d'être blessé et s'efforce de cacher son intérêt pour d'autres personnes. Pour sa part, F déteste sa timidité et souhaiterait communiquer plus facilement avec les gens. Néanmoins, lorsqu'ils parviennent à unir leurs efforts, les difficultés s'aplanissent et les partenaires arrivent à maintenir l'indispensable équilibre.

E/G	8

Voici une bonne équipe. Tandis que E vit constamment dans l'insécurité et le doute, l'invincible G prend tout sur ses épaules. Tous deux apprécient la compagnie des gens, sans jamais perdre de vue leurs objectifs matériels. Ils éprouveront ensemble la satisfaction du travail accompli, et mèneront une vie sociale intéressante.

E/H	7

E jouit d'un optimisme à toute épreuve, mais il est doué pour modérer son exubérance naturelle afin de ne pas étouffer la personnalité plus discrète de H. Sans jamais manifester beaucoup d'enthousiasme, celui-ci suivra graduellement l'exemple de E en prenant une part un peu plus active dans leur projet de vie commune. Leur relation ne sera sans doute pas parmi les plus dynamiques, mais elle ne sera pas perturbée par des conflits importants.

E/I	1

Cette association sera fréquemment manacée par les intrigues des deux partenaires. En effet, E s'amuse parfois à laisser à I des messages équivoques, soit en se comportant comme s'il désirait beaucoup sa présence, soit en faisant semblant de s'éloigner de lui. E réplique ordinairement en lui servant sa propre version du même jeu, adoptant tour à tour les rôles de l'amoureux transi et du bel indifférent. Pour que leur relation s'épanouisse, ils devront tous deux cesser leur manège, se communiquer leurs craintes et exprimer leurs sentiments véritables. Si vous êtes l'un des protagonistes de ce duo discordant, essayez de parler simplement à votre partenaire plutôt que de lui envoyer des messages maladroits qui risquent d'être mal interprétés.

F/F	8

Bien que vous ne soyez ni l'un ni l'autre doté d'une nature chaleureuse, vous partagez le désir d'améliorer votre façon de communiquer avec les autres. En conséquence, vous vous efforcez d'être ouverts et honnêtes. Vous n'êtes peut-être pas très démonstratifs, particulièrement en public, mais il est évident qu'un sentiment profond vous unit.

F/G	10

G est un partenaire idéal pour F parce qu'il a confiance en lui-même et qu'il se débrouille bien en société. Alors que F cache mal sa timidité en public, G impressionne par son assurance, apprenant ainsi à son partenaire comment se mêler aux autres. F est en retour un excellent compagnon pour G, car il l'appuie et le stimule dans ses projets.

F/H 2

Ils se ressemblent beaucoup. Toutefois, alors que F désire mettre un terme à ses angoisses et à ses appréhensions en tentant désespérément de changer sa personnalité, H paraît plus hésitant à modifier son propre comportement. Il s'efforcera donc d'encourager F à se prendre en mains, lui permettant du moins de faire sur lui-même toutes les modifications qu'il souhaite.

F/I 9

Vous êtes bons l'un envers l'autre. La naïveté de F et son manque de savoir-faire sont largement compensés par l'adresse de I et par son indéfectible confiance en lui-même. En montrant à F les moyens à prendre pour prospérer et atteindre ce qu'il désire I s'attirera sa reconnaissance et son affection.

G/G 7

Un couple de G obtiendra plus de succès que tous les autres. Étant tous deux extrêmement ambitieux, ils ne ménageront ni leur temps ni leurs efforts pour atteindre leurs objectifs matériels. Malheureusement, dans leur course effrénée du bien-être à tout prix, ils auront tendance à s'écarter l'un de l'autre en négligeant les côtés intimes de leur association.

G/H 1

Ils sont aussi différents l'un de l'autre que le jour et la nuit. G s'étonnera du manque d'énergie de H alors que ce dernier sera littéralement épuisé par le nombre incalculable d'activités auxquelles G participe. En conséquence, G accusera H de pessimisme alors que H sous-estimera les capacités de travail de G. Pour la survie de leur relation, ils devront s'exercer à plus de tolérance. G commencera à apprécier la prudence et l'intelligence de H au fur et à mesure que celui-ci prendra conscience des avantages que pourront comporter la détermination de G et son besoin de réussite.

G/I	7

Ils pourront probablement maintenir une relation durable à condition de pouvoir tolérer une inévitable distance entre eux. En effet, G et I n'appréciant ni la promiscuité ni l'intimité, ils ne sont pas portés à entretenir une communication profonde entre eux. Ils négligent tous les deux leur vie intérieure au profit de leur vie sociale, car la réussite matérielle les intéresse davantage que leur développement spirituel ou émotif. Cela pourrait incommoder d'autres partenaires, mais cette vie plutôt terre à terre leur conviendra à tous les deux.

H/H	2

Vous demeurerez probablement ensemble toute la vie, en grande partie parce que le changement vous rebute. Même si vous n'êtes pas très heureux, vous choisirez de rester avec votre partenaire plutôt que de modifier vos projets. Efforcez-vous d'acquérir des attitudes plus positives et veillez à ne pas accroître votre tendance commune à la dépression.

H/I	3

Vous vivez dans deux univers différents. I est énergique et s'occupe d'une multitude d'activités alors que H est plutôt passif, préconisant la loi du moindre effort. Afin d'élargir leur horizon, I doit aider H à développer des pensées plus positives. S'il réussit, H deviendra un partenaire plus stimulant et beaucoup plus conciliant.

Votre relation suscitera beaucoup de discussions. Vous manquez trop de patience tous les deux pour parvenir à vous comprendre. Cependant, vous serez bien ensemble, vous appréciant mutuellement et jugeant excitant de côtoyer un partenaire si semblable à vous et dont l'esprit vif déclenchera des conversations animées. Vous réaliserez presque tous vos projets communs grâce à l'intelligence et à l'énergie qui vous sont propres.

CHAPITRE 4

Humour

Ce qui est amusant pour certaines personnes ne l'est pas nécessairement pour d'autres. Il suffit d'observer comment les gens réagissent différemment en entendant une blague. Certains la trouvent drôle, alors que d'autres la jugent insaisissable ou tout bonnement ennuyeuse. Les psychologues ont étudié ce phénomène en essayant de découvrir pourquoi telle personne appréciait telle sorte d'humour. En tenant compte de leurs goûts et de leurs traits de personnalité ils sont parvenus à les associer à quatre catégories d'humour. Effectuez le jeu suivant afin de découvrir dans quelle catégorie vous vous rangez.

1. Parmi les genres suivants, lequel vous incite à rire davantage?
   A. Ding et Dong
   B. Les farces et attrapes
   C. Les livres de blagues
   D. M*A*S*H*
2. Où êtes-vous plus disposé à rire?
   A. Devant une ligue d'improvisation
   B. Devant une pièce de théâtre comique
   C. Chez vous, à lire un album de bandes dessinées
   D. Chez vous, à plaisanter avec votre partenaire
3. Parmi les personnages suivants, lequel trouvez-vous le plus drôle?
   A. Charlie Chaplin
   B. Vous

C. Garfield
D. Woody Allen
4. Quel est le type d'humour qui vous plaît le moins?
    A. Un monologue sur les absurdités de la vie
    B. Une plaisanterie au sujet de la maladie ou de la mort
    C. Un exercice d'improvisation
    D. Une grosse farce
5. Quelle est votre bande dessinée préférée?
    A. Hagar Dunor
    B. Mafalda
    C. Pit et Pat
    D. Le pense-bête

Personne 1	_____	_____	_____	_____
	A	B	C	D
Personne 2	_____	_____	_____	_____
	A	B	C	D

Les réponses se regroupent généralement sous une seule catégorie (3 sur 5). Toutefois, si vos réponses se répartissent également entre les quatre lettres, lisez les descriptions suivantes et choisissez celle qui évoque le genre d'humour que vous appréciez le plus.

A. Les grosses farces

Vous aimez les blagues à propos des groupes ethniques.
Vous préférez les blagues courtes et satiriques.
Vous préférez rire en groupe.

B. Les farces et attrapes

Vous n'aimez pas l'humour noir, la satire, ou d'autres formes d'humour qui mettent les gens mal à l'aise.
Vous n'aimez pas les blagues à propos des groupes ethniques.
Vous aimez les improvisations, les pièces de théâtre et les films.

C. Les bandes dessinées

Vous préférez généralement les textes humoristiques à l'humour sur scène.
Vous aimez rire en douce plutôt que de rire souvent, ou aux éclats.

D. L'humour noir

Vous riez, alors que le sujet n'est pas nécessairement drôle (comme la mort, ou la maladie).

Vous préférez les plaisanteries raffinées.

Vous préférez les textes drôles à toute autre forme d'humour.

Vous n'aimez pas les blagues où il est question de sexe et d'agression (un discours agressif à propos d'autrui).

Comparez vos réponses et voyez si votre sens de l'humour est un point de compatibilité important avec votre partenaire.

Personne 1	Type	Personne 2
_____	A	_____
_____	B	_____
_____	C	_____
_____	D	_____

A/A	**1**

Vous vous ressemblez beaucoup, mais n'allez pas croire que cela est un avantage. Vous souffrez tous les deux d'un sentiment d'infériorité et vous essayez de régler le problème en rabaissant les gens qui vous entourent, les dénigrant injustement pour oublier qu'ils valent mieux que vous. Évidemment, votre attitude n'est pas très constructive et vous devrez veiller à ne pas vous tourner mutuellement en ridicule. Si vous sabotez les efforts de l'autre, vous deviendrez des adversaires plutôt que des amoureux. L'encouragement et le respect du partenaire sont essentiels pour maintenir votre union.

Votre impulsivité constitue un autre problème. Ce sont vos émotions qui dominent votre relation, plutôt que la sagesse et la raison, car vous avez tendance à dire tout ce qui vous passe par la tête, même si cela blesse votre partenaire. Rétablissez l'équilibre en prenant d'abord le temps de mettre de l'ordre dans vos idées, puis en vous mettant à l'écoute de vos sentiments. L'amour exigeant une bonne dose de tendresse, essayez de l'exprimer à travers vos gestes.

A/B   **6**

B s'entend très bien avec A, son assurance jouant en sa faveur. Contrairement à son partenaire qui se satisfait seulement aux dépens des autres, B est très à l'aise dans une ambiance franche et sympathique et ne tient pas compte du côté négatif de A. Il réussit même à lui prouver que le bonheur n'est possible que quand tout le monde est heureux. Son attitude positive incite A à se préoccuper du bien-être des autres en général et, par la force des choses, du sien en particulier.

En vous donnant la peine de tempérer les tendances agressives de A, vous parviendrez à vivre agréablement ensemble. Vous fréquenterez beaucoup d'amis, et mènerez une vie remplie d'aventures. La nature active de A ou l'exubérance de B pourraient même vous entraîner à faire le tour du monde. Vous formez une équipe invincible!

A/C   **1**

Vous avez bon nombre de problèmes personnels à régler, étant tous deux sujets à des crises d'anxiété et de mélancolie. Ces traits communs vous empêchent de vous encourager l'un et l'autre. Il est indispensable que vous surmontiez ces obstacles avant de vous lancer dans une relation amoureuse. Avec un peu d'efforts, chacun parviendra à régulariser ses états d'âme.

Vous pourrez également combler vos différents besoins sociaux en adoptant tous les deux une approche positive. Ayant grand besoin de s'engager socialement, A est prêt à aller très loin pour se faire accepter par les autres alors que C, de nature solitaire, considère les relations humaines comme étant le cadet de ses soucis. Il n'existe aucun moyen d'abolir cette différence notoire, mais vous pourrez atténuer ses effets négatifs en trouvant des compromis grâce auxquels vos besoins de vie sociale et de solitude seront satisfaits. En autant que C acceptera de participer à des activités bien choisies, et que A agira plus discrètement au milieu d'un groupe, vous pourrez jouir d'une relative harmonie.

A/D	5

Bien que vous soyez à l'opposé l'un de l'autre, il y a de fortes chances que votre association fonctionne efficacement. Vous avez une façon de vous compléter que l'on retrouve rarement chez d'autres couples. La modération de D aide A à maîtriser son impulsivité et sa nervosité; en revanche, A incite D à apprécier sa spontanéité, laquelle s'oppose à la prudence excessive dont il fait preuve en renonçant à participer à des expériences nouvelles et imprévues (même quand elles en valent la peine). Ainsi, D a une nette propension à s'enraciner et à sombrer dans la passivité cependant que A n'encourage pas son côté casanier ou inhibé.

En ce qui concerne les émotions, vous vous complétez admirablement. Alors que D est doté d'un tempérament calme, l'humeur de A fluctue aisément. A apporte donc l'émotion nécessaire qui autrement ferait défaut dans la vie de D tandis que celui-ci éveille sa curiosité intellectuelle.

B/B	6

Vous ne formez rien de moins que le couple idéal. Vous aimez la vie et vous avez suffisamment d'enthousiasme et d'énergie pour en profiter. N'étant ni l'un ni l'autre porté à vous tracasser pour des riens, vous êtes très conciliants, et voyez toujours le côté positif des choses, même dans les situations pénibles. Grâce à la sensibilité qui vous caractérise, vous vous souciez constamment du bien-être de votre partenaire et ne ferez jamais rien qui puisse compromettre votre relation.

Vous aimez les gens et vous savourez la compagnie d'un autre B. La conversation étant l'un de vos plus grands plaisirs, vous pouvez passer des heures à causer ensemble, et à vous écouter. La communication sera toujours excellente entre vous et, votre confiance en vous-même, confortée par celle de votre partenaire, contribuera à ranimer votre ferveur. Évitant sagement les mornes questions existentielles, vous préférez vous concentrer sur les plaisirs de la vie à deux. Que pourriez-vous souhaiter de mieux?

B/C	3

Mieux que quiconque, B sait comment s'y prendre avec C. Terriblement sûr de lui, il ne cédera pas devant les hésitations de son partenaire, même si les réticences de ce dernier ne font pas toujours son bonheur. B souhaite en effet un interlocuteur avec qui il peut avoir des discussions animées. C participe volontiers à des échanges de vues, mais son côté introverti ne lui permet pas toujours de communiquer ses pensées ou ses sentiments. La nature conciliante de B peut donc se brouiller devant le manque de souplesse de C et sa difficulté à s'amuser dans la vie.

B est toutefois extrêmement tolérant; aussi acceptera-t-il les défauts de C à condition que celui-ci désire s'améliorer. Ne négligeant aucun effort, C s'efforcera de changer certains traits de sa personnalité; devenant avec le temps un partenaire plus ouvert et plus généreux. S'il y parvient, il établira avec B une relation très satisfaisante.

B/D	4

Vous êtes différents l'un de l'autre, cela ne fait aucun doute. Vous appréciez cependant vos différences, admirant l'autre pour ce qu'il est. B est une personne dynamique, remplie d'énergie et de bonnes idées, mais qui ne sait pas toujours comment les appliquer. D est un partenaire parfait pour elle puisqu'il possède l'art de tout planifier et de faire aboutir ses projets. Si B était laissée à elle-même, elle passerait d'une activité à l'autre sans en achever une, ferait de grands projets qu'elle ne réaliserait qu'à moitié. De son côté, D ne prendrait pas le temps de vivre, trop occupé à tout analyser, à échafauder des hypothèses et à rechercher des solutions. Ensemble, cependant, ils pourront accomplir de grandes choses.

Pas très émotif, D préfère le monde des idées à celui des sentiments. Ce qui lui est utile du côté professionnel risque donc d'être décourageant pour B qui lui, est un romantique. D'autres partenaires pourraient percevoir D comme un être froid et négligent, mais B est assez sûr de lui pour réaliser que D l'aime vraiment (bien que ses manières soient peu démonstratives).

C/C   2

Une relation entre deux C exige beaucoup d'efforts et de travail de leur part. À moins de faire front commun contre l'angoisse et le pessimisme qui les guettent, ils s'isoleront graduellement, prêts à renoncer à toute vie sociale. Si vous êtes un C, vous vous sentirez peut-être à l'abri dans votre cocon, mais votre vie sera dépourvue de défis. Essayez à tout le moins de vous encourager à explorer le monde extérieur de temps à autre.

La mélancolie risque également de s'incruster dans l'une des pièces de votre foyer. Si votre humeur s'oppose à celle de votre partenaire (un jour, l'un est nerveux et angoissé, alors que l'autre est calme), cela pourra affecter votre capacité de communiquer ensemble. Apprenez à être suffisamment souple pour affronter les changements d'humeur de votre conjoint sans l'inciter à adopter nécessairement l'attitude qui vous convient. Acceptez vos émotions, même si elles ne vous sont pas toujours agréables.

C/D   5

Vous êtes d'égal à égal sur le plan intellectuel, et vous en éprouverez une grande satisfaction à long terme. Indépendants d'esprit, vous n'avez pas besoin d'être stimulés par les autres pour atteindre un bien-être spirituel ou émotif. D est sans doute un peu plus sociable que C, mais aucun d'eux n'est porté à se cramponner à l'autre. Chacun se sentant libre d'être lui-même;

aucun ne s'inquiète de ce que l'autre peut penser. Bien que vous ne communiquiez pas souvent vos émotions à votre partenaire, vous captez habilement ses pensées.

La présence de D peut s'avérer bénéfique pour C; celui-ci étant parfois paralysé par l'angoisse, il tend alors à s'isoler du monde. Se montrant prudent et rationnel, grâce à sa façon d'aborder les choses, D aidera progressivement C à se mêler davantage aux autres. Par ailleurs, la nature rationnelle de D pourrait être lourde à supporter pour un partenaire qui préfère l'action, mais C trouvera ce trait de caractère agréable et lui fera pleinement confiance. Cette association devrait être stable et satisfaisante.

D/D   **5**

La vie que vous mènerez ensemble ne sera pas des plus excitantes, mais elle vous comblera tous les deux. Au lieu de prendre part à une activité, vous préférez tous deux observer calmement ce qui se passe. Il vous importe cependant de maintenir un certain contrôle sur votre environnement immédiat, aussi êtes-vous portés à planifier avant de passer à l'action. Vous étudiez toute les situations en profondeur avant de vous y engager, avant même de formuler une opinion. Vous n'aurez donc pas autant d'activités que les autres couples, mais vous veillerez à conserver un intérêt pour les questions intellectuelles. Ayant tous les deux une bonne dose de cynisme vous aimez partager vos pensées entre vous.

Vous aurez une vie intellectuelle active et raffinée. Les autres critiqueront peut-être votre manque de passion ou de goût pour le risque, mais c'est la jalousie ou l'incompréhension qui seront à l'origine de leurs reproches. Sachez demeurer vous-mêmes. Votre façon de concevoir la vie et l'amour convient aux individus que vous êtes, et au couple que vous formez. C'est tout ce qui compte.

CHAPITRE 5

Votre couleur préférée

Quelle est votre couleur préférée? Des chercheurs ont démontré que la préférence pour une couleur donne des indices sur la personnalité d'un individu. Cela permet également de déterminer les éléments de compatibilité entre deux personnes.

Pour en apprendre davantage sur vos affinités, effectuez l'exercice suivant. Indiquez la couleur qui vous plaît le plus. N'hésitez pas; le premier choix est souvent le plus juste. Il ne s'agit pas de connaître la couleur de vos vêtements préférés ou celle qui orne les murs de votre maison. Choisissez simplement la couleur qui vous attire le plus, et comparez ensuite votre choix avec celui de votre partenaire.

Personne 1	Couleur	Personne 2
_____	Rouge	_____
_____	Bleu	_____
_____	Vert	_____
_____	Jaune	_____
_____	Violet	_____
_____	Brun	_____
_____	Gris	_____
_____	Noir	_____

Remarque:

Il est possible que vos goûts varient selon votre humeur ou selon les événements de votre vie. S'il vous est difficile de choisir une seule couleur, indiquez celle qui vous ennuirait le moins si vous aviez à en choisir une seule pour composer votre décor. Vous hésitez encore? Vous pouvez cocher jusqu'à trois couleurs. Par exemple, si vous aimez le bleu et également le vert, indiquez ces deux couleurs dans la colonne. Si votre partenaire aime le vert et le rouge, il fera de même. Comparez les combinaisons reliées à vos réponses (vert-vert, bleu-vert, vert-rouge), et lisez les profils qui y correspondent. Vous y relèverez naturellement quelques contradictions, car vos goûts révèlent différents aspects de votre personnalité.

ROUGE/ROUGE   5

Une relation amoureuse entre deux rouges promet d'être très intense. Vous aimez les situations extrêmes et la tiédeur vous ennuie profondément. Vivre passionnément est votre but unique. Vous regrettez de n'avoir pas assez de temps pour profiter de tout ce qui s'offre à vous, mais vous faites de votre mieux pour saisir ce qui passe. Jamais vous ne restez à l'écart, vous participez à tout projet alléchant.

Il y a malheureusement un point négatif dans votre bouillante association. Vous vivez impulsivement au point d'agir d'une façon qui pourrait détruire la confiance que vous éprouvez l'un pour l'autre. L'esprit de compétition qui vous anime tous deux vous mènera à votre perte à moins que vous ne soyez déterminés à conserver l'amour de la personne que vous chérissez. Vos fortes personnalités s'affronteront immanquablement, car chacun voudrait être considéré comme le chef. À part cet élément de discorde, votre relation sera extrêmement satisfaisante.

ROUGE/BLEU   1

Le rouge et le bleu se marient difficilement. Le rouge est porté à dominer et à imposer un style de vie qui est loin de plaire au bleu. Ce dernier préfère une vie tranquille, à l'abri du stress, ce qui va à l'encontre de l'existence peuplée d'aventures, et contraire au rythme effréné auquel se soumet le rouge. Bien entendu, ils ne voient pas la vie sociale du même œil. Le bleu aime rester à la maison, ou visiter quelques amis intimes, alors que le rouge, extraverti et insatiable, cherche à se lier avec tous les gens qu'il rencontre.

Si vous tenez l'un à l'autre, votre union pourra s'épanouir en dépit de ces différences. Il suffira de laisser à chacun suffisamment d'espace pour qu'il puisse poursuivre ses activités individuelles comme il l'entend. Le rouge passera quelques nuits en ville avec des amis pendant que le bleu se reposera à la maison. Dans cette demeure qu'ils partageront, le bleu disposera d'une chambre calme et tranquille alors qu'une autre pièce décorée de couleurs vives sera réservée au rouge. Ils pourront vivre heureux ensemble à condition que chacun permette à l'autre d'exprimer sa véritable nature.

ROUGE/VERT   4

Le rouge et le vert sont complètement différents l'un de l'autre. La personnalité stable et bien équilibrée du vert s'oppose à l'humeur changeante et aux goûts excessifs du rouge. Le vert prend soin de planifier ses décisions, alors que le rouge agit avec impulsivité. Le rouge aime avoir de la compagnie, ce que n'apprécie pas toujours le vert. Ce dernier s'intéresse beaucoup aux gens, mais doté d'une nature inhibée, il se préoccupe trop de l'opinion des autres pour vraiment se laisser aller en public.

Il y a cependant des aspects très positifs dans une pareille association. La spontanéité émotive du rouge et son caractère indépendant apaisent les inquiétudes du vert à propos de l'image qu'il projette, lui permettant ainsi de connaître la sensation grisante de faire enfin ce qu'il veut, en dépit de ce qu'on pourrait en penser. Le vert calme l'agitation du rouge et l'empêche de s'attirer des problèmes. Cette union connaîtra autant de hauts que de bas, mais le rouge et le vert auront raison de persévérer.

ROUGE/JAUNE   5

Quel couple formidable! Vous adorez vivre de nouvelles expériences. Le «pareil au même» est pour vous d'un ennui mortel. D'ailleurs, dès qu'il se prépare quelque chose, le rouge et le jaune sont les premiers à y participer. Lorsque vous êtes ensemble, l'excitation est à son comble. Votre union est particulièrement bénéfique au jaune, ce dernier se montrant souvent incapable de réaliser ses rêves alors que le rouge favorise l'action.

Mais rien n'est parfait et cette alliance pourra comporter des problèmes. Étant plus extraverti, le jaune sera agacé par le besoin insatiable de stimulation de son partenaire. D'autre part l'impulsivité du rouge le froissera parfois, lui qui réfléchit toujours avant d'agir. Afin que ces problèmes ne nuisent pas à la bonne marche de votre relation, prévoyez des loisirs excluant la présence de votre partenaire. De son côté, le rouge se sentira libre de s'engager à fond socialement. Grâce aux conseils du jaune, il s'efforcera de réfléchir avant de poser un geste qui pourrait nuire à votre couple.

ROUGE/VIOLET   2

Le rouge et le violet se complètent difficilement, tous les deux étant sujets aux émotions extrêmes, oscillant entre l'euphorie et le spleen. Vous aurez besoin d'une présence apaisante que vous ne trouverez malheureusement pas dans la compagnie d'un rouge ou d'un violet. L'égotisme est un de vos points communs. Chacun veut être le centre d'attraction et le mécontentement surgit dès que l'un des conjoints se voit obligé de s'effacer devant l'autre. Plutôt que d'encourager votre partenaire et de vous réjouir de son triomphe, vous essayerez même de saboter ses efforts et de miner son bonheur.

Le succès de cette association repose sur le degré de tolérance du violet qui possède un tempérament plus passif que le rouge et qui lui permettra peut-être de tenir un rôle dominant. Ce n'est pas toujours le cas, mais généralement, le violet fait preuve d'une grande imagination. S'il parvient à sublimer les dures réalités de la relation par le biais du rêve et de la fantaisie, il pourra probablement venir à bout des éléments contrariants qui assaillent son partenaire, imaginant des solutions créatives pour améliorer ses rapports avec lui.

ROUGE/BRUN   5

La relation pourra se révéler bénéfique pour les deux partenaires. Bien que le brun soit un individu conservateur, s'il réussit à garder son sens de l'humour devant les frasques du rouge, il profitera de plus en plus de la vie. Le rouge est le partenaire rêvé pour inciter le brun à se laisser aller et à ne pas prendre les choses trop au sérieux. Le brun se sent naturellement plus à l'aise en observant les règles établies, mais grâce aux bons conseils du rouge, il s'apercevra que les règles sont faites pour être contournées. D'autre part, le brun encouragera le rouge à se discipliner et à adopter une attitude plus réaliste tout en lui indiquant comment éviter les ennuis que pourrait lui causer son impulsivité.

Tout n'est pas idyllique dans cette association. Entre deux personnes aussi différentes, il risque bien sûr d'y avoir des étincelles. Le rouge sera tenté de rompre dès que les choses se corseront. Cependant, étant fortement attaché à l'idée d'avoir une relation stable, le brun fera le nécessaire pour que celle-ci soit convenablement maintenue.

ROUGE/GRIS   1

Le succès de votre union est loin d'être acquis. Vous devrez déployer beaucoup d'efforts pour supporter les moments pénibles et pour parvenir à vous entendre. Le gris, qui est d'une nature plutôt sereine, pourra se lasser des fréquentes sautes d'humeur du rouge alors que celui-ci le jugera trop réservé ou trop tranquille. Même s'il décide de passer beaucoup de temps avec le gris, le rouge aura souvent l'impression de ne pas le connaître et sera porté à chercher l'amitié ailleurs. Son besoin de mener une vie sociale plus active sera la source d'importants conflits qui pourraient éventuellement provoquer une rupture.

N'essayez pas d'être l'émule de l'autre. Soyez vous-même et renoncez à la folle idée de combler tous les besoins de votre partenaire. Si vous désirez établir ensemble une relation durable, vous devrez tous deux modifier certains de vos comportements. Au lieu de lui reprocher son calme, le rouge devra apprendre à reconnaître les avantages de la tranquillité et de la paix qu'apporte le gris dans sa vie turbulente. De son côté, celui-ci devrait s'efforcer d'apprécier les qualités du rouge au lieu de réprouver son caractère imprévisible et son anticonformisme. Une attitude conciliante favorisera leur bonne entente et les préservera longtemps de la rupture.

ROUGE/NOIR   6

C'est le paradis! Le rouge et le noir forment une association très dynamique; ce sont des anticonformistes qui ne craignent pas l'imprévu. Personne ne saurait leur dicter leur conduite; ce sont des êtres imaginatifs épris de liberté et leur vie créative s'épanouit lorsqu'ils sont ensemble. Si vous formez l'un de ces duos équilibrés on vous admirera autant pour vos qualités individuelles que pour celles dont vous faites montre avec votre partenaire. On vous enviera particulièrement votre raffinement et votre étonnante perspicacité.

Malgré les apparences, l'esprit de compétition entre deux personnalités aussi fortes est moins élevé qu'on pourrait le penser. Les deux partenaires sont fiers l'un de l'autre et consacrent beaucoup d'énergie au bonheur du couple. Le noir profitera plus particulièrement d'une telle union, appréciant la vision plus optimiste du rouge, et le fait qu'il parvienne à s'affirmer davantage. Ensemble, ils seront pleins d'entrain, travaillant de concert à l'épanouissement de leurs qualités personnelles.

BLEU/BLEU   5

Recherchant tous deux la tranquillité et l'harmonie, vous vous sentez plus à l'aise en menant une vie organisée et paisible, fuyant l'incertitude et l'aventure. Les discussions éclatent rarement entre vous, chacun évitant de s'emporter devant l'autre pour ne pas lui causer du souci. Vous respectez les traditions et ne rêvez pas de projets farfelus. La fidélité vous paraît donc naturelle, chacun estimant pouvoir compter sur la personne qui importe le plus dans sa vie.

Malheureusement, votre besoin de sécurité (physique, émotive, financière) peut dresser une barrière entre vous. Plutôt que de diversifier vos activités et vos fréquentations ou de visiter des lieux étrangers, vous avez tendance à vous installer dans la routine et à vous enraciner dans votre milieu. Le marasme risque de s'emparer de vous et la grisaille, de ternir l'atmosphère de votre quotidien. Permettez-vous certains risques et invitez l'autre à explorer de nouveaux horizons.

BLEU/VERT	5

Le bleu et le vert se marient parfaitement et leur relation sera des plus stables. N'aimant ni les drames ni les surprises, ils s'efforceront tous deux d'éviter les perturbations émotives, afin de maintenir l'équilibre. Ils sont par ailleurs consciencieux et veillent à entretenir de bons rapports.

Le seul point négatif de cette heureuse union concerne le vert et son besoin excessif d'être rassuré toutes les fois que son partenaire lui semble insuffisamment attentif. En réalité, le bleu est très attentionné, mais le vert ne le perçoit pas ainsi; au contraire, si le bleu est le moindrement préoccupé, le vert se sent immédiatement négligé. L'existence paisible à laquelle ils aspirent risque alors d'être fortement perturbée. Aussi est-il vital pour la survie du couple que le vert apprenne à se montrer moins dépendant de son partenaire et moins exigeant dans ses désirs d'approbation.

BLEU/JAUNE	3

Vous avez une chance sur deux d'établir une relation harmonieuse, car vos besoins sont complètement différents. L'un aime la tranquillité, l'autre, l'animation. Alors que le jaune s'épanouit en menant une vie active, et en relevant une foule de défis, le bleu se love dans son cocon, ayant besoin d'un cadre familial rassurant et douillet. Évidemment, des conflits éclateront entre eux que ce soit pour une question aussi banale que celle de choisir un film (le bleu veut voir un film que le jaune a déjà vu, alors que le jaune veut surtout voir le film le plus récent), ou aussi importante que de choisir le lieu où vous habiterez (le bleu veut s'installer de façon permanente, alors que le jaune ne craint pas une solution plus passagère).

Malgré d'inévitables sources de désaccord, vous pouvez envisager de vivre ensemble. Le jaune est un idéaliste; il se souciera donc profondément de votre relation et s'efforcera de tout faire pour qu'elle réussisse. Bien que ses idées soient souvent innovatrices, il ne les appliquera pas toujours. Le bleu fournira des prétextes à son partenaire afin de l'inciter à abandonner des projets trop fantaisistes, le jaune étant porté à s'épuiser à force de toujours vouloir être à la page. La nature paisible du bleu lui apportera une certaine stabilité émotive.

BLEU/VIOLET 1

Impossible de nier leurs différences! Le violet passe perpétuellement d'une émotion à l'autre, alors que le bleu demeure placide, estimant qu'il ne vaut jamais la peine de se troubler. De plus, ils ne partagent pas les mêmes orientations politiques: le bleu est conservateur, alors que le violet apprécie les idées nouvelles.

Dans ces conditions, vos différences vous permettent-elles d'établir une bonne relation? Oui, mais seulement si vous faites preuve de tolérance et vous donnez la peine de nuancer vos opinions. Au lieu d'être embêté par la philosophie de votre partenaire, apprenez à apprécier ce qu'elle vous apporte de neuf. Respectez les besoins et les désirs de l'autre même s'ils ne ressemblent pas aux vôtres. Vous ne serez jamais le double de l'autre, mais cela ne devrait pas vous empêcher de vivre ensemble et de vous aimer.

BLEU/BRUN   5

Vous allez bien ensemble. Vous êtes tous les deux sérieux et consciencieux au travail, comme à la maison. Les manigances et les faux semblants ne vous intéressent pas; vous aimez les rapports honnêtes et directs. Vous ne recherchez ni la fortune ni la gloire, désireux simplement de vivre à l'aise avec un partenaire sur qui vous pouvez compter.

Vous agissez de façon conformiste et traditionnelle en toute chose, trouvant la sécurité dans ce qui vous est familier. En conséquence, vous acceptez mal les imprévus et les impondérables. Lorsque cela survient, chacun de vous a de la difficulté à y faire face. Dans un cas pareil, il sera sage de faire appel à des spécialistes capables de vous venir en aide. Le stress causé par des événements imprévus brouille la communication entre vous. Identifiez vos faiblesses et efforcez-vous de les surmonter en agissant de façon constructive.

BLEU/GRIS   4

Vous formez une bonne équipe car vous préférez tous les deux mener une vie tranquille et effacée. Vous désirez la sécurité et la paix dans un monde que vous trouvez menaçant. L'idée d'avoir un partenaire qui éprouve des besoins et des désirs semblables aux vôtres vous réconforte. Vous ne feriez jamais rien qui puisse troubler la paix que vous avez trouvée ensemble.

Mais parfois vous n'êtes pas le partenaire rêvé pour votre conjoint. Le gris tend à se replier sur lui-même au point de devenir très secret, suscitant ainsi le mécontentement du bleu qui s'attend à plus de partage au sein du couple. Le premier écoute patiemment les préoccupations du second qui hésite bientôt à se livrer entièrement, éprouvant de l'insécurité devant la réserve du gris. Par ailleurs, le bleu incite parfois le gris à fuir la réalité plutôt qu'il ne l'encourage à participer. Le gris est donc porté à s'enfermer davantage dans sa coquille et le bleu à s'isoler. Pour éviter que cette distance ne prenne de l'ampleur, trouvez-vous des amis ou des intérêts communs qui sauront solliciter votre engagement.

BLEU/NOIR   1

Vous serez d'abord intrigués par vos différences. Toutefois, vous découvrirez rapidement que celles-ci peuvent occasionner des problèmes. Ayant un besoin de sécurité et de tranquillité, le bleu se sent immanquablement menacé par l'audace et la témérité d'un partenaire noir, et risque de ne jamais mener la vie paisible dont il rêve.

Le noir lui apporte toutefois le dynamisme dont il a besoin et l'encourage à sortir du marasme. Le bleu aidera le noir à aimer le monde tel qu'il est plutôt que de rêver à le détruire pour en rebâtir un nouveau. Il ne leur sera jamais facile de cohabiter, mais leur union pourra leur être bénéfique.

VERT/VERT   5

Une relation entre deux verts devrait être aussi équilibrée que leurs personnalités. Pas de hauts ni de bas dans leur vie puisqu'ils tentent avant tout d'être heureux au jour le jour. Extrêmement loyaux l'un envers l'autre et très consciencieux, ils consacreront beaucoup d'efforts à fonder un foyer et à faire partager leur joie de vivre.

Votre association pourrait néanmoins être compromise si vous continuez de vous soucier tous les deux à l'excès de ce que pensent les autres. Vous efforçant de toujours faire ce qui est bien vu socialement, vous dépensez toute votre énergie à tenter de plaire aux personnes qui vous entourent. Se soucier de leur opinion peut être une qualité appréciable, mais exiger leur attention continuelle peut devenir embarrassant. Bien qu'il soit souhaitable d'obtenir un soutien émotif de la part de votre partenaire, vous devriez acquérir plus de force personnelle en ce qui concerne vos besoins. Essayez d'aider l'autre à devenir un peu moins dépendant émotivement et apprenez à vous affirmer chacun de votre côté. Faites-vous confiance au lieu de réclamer constamment l'approbation de votre partenaire, de vos amis ou de votre famille.

VERT/JAUNE 6

Le vert et le jaune se complètent agréablement. Ce sont des personnes attentionnées qui se sentent bien au sein d'une relation intime. Le jaune est plus innovateur que le vert qui se contente plus facilement de ce qu'il trouve. Cette différence, cependant, ne devrait pas entraîner de conflits. Grâce à sa vive personnalité et à ses talents de communicateur, le jaune saura convaincre le vert de prendre une part plus active à la vie commune tout en essayant de nouvelles expériences. Sans doute pourra-t-il l'aider à le distraire de ses préoccupations concernant ce que les autres pensent de lui et lui enseigner à être lui-même.

Cela ne veut pas dire que le vert sera seul à profiter des avantages d'une telle union. Au contraire, le jaune étant porté à se concentrer sur un aspect bien précis de sa vie, le vert pourra l'aider à rééquilibrer ses forces. En outre, la nature méticuleuse du vert incitera le jaune à mener ses projets à terme et à assumer ses responsabilités.

VERT/VIOLET 3

Ce n'est pas l'idéal mais cela pourra s'arranger, en autant que le vert y mette du sien. S'il réussit à surmonter son sentiment d'insécurité, il sera en effet en mesure d'accepter les sautes d'humeur du violet. Mais s'il s'acharne à satisfaire son besoin d'être rassuré, il se sentira responsable des petites dépressions de son partenaire. L'humeur du violet n'a souvent rien à voir avec les attitudes du vert, mais celui-ci étant convaincu du contraire, il se découragera à la moindre fluctuation.

Si le vert surmonte son anxiété, cela aura une influence positive sur le violet. En fait, plus vous resterez ensemble long-temps, plus le violet aura de chance d'acquérir une stabilité émotive, adoptant bientôt une attitude plus sereine. Pour sa part, le violet agrémentera la vie du vert en l'exposant à de nouvelles situations qu'il n'aurait même pas pris la peine d'examiner s'il avait été laissé à lui-même.

VERT/BRUN   6

Vous êtes presque identiques! Extrêmement conservateurs et toujours soucieux de respecter les règles établies, vous êtes aussi honnêtes que réalistes et partagez les mêmes projets: une maison confortable, une liaison stable et romantique. Et parce que vous travaillez très fort à votre réussite, vous obtiendrez tout cela. La tendresse et la compassion sont innées chez vous, et ces beaux sentiments s'épanouissent lorsque vous êtes ensemble.

Lorsqu'il est seul, le brun est porté à manquer d'humour, ou à prendre la vie trop au sérieux. Le vert stimule sa vitalité, et provoque des étincelles dans une existence qui, autrement, serait bien terne. Cela ne vous coûte pas un grand effort, car vous vivez au même diapason. Le brun ne cause aucun souci au vert et poursuit la vie paisible qu'il souhaite, heureux de l'amour inconditionnel que lui témoigne son partenaire. Pourquoi voudriez-vous mettre un terme à une telle relation?

VERT/GRIS   4

Votre association sera une réussite dès que vous aurez mis au point quelques détails. Vous avez plusieurs qualités en commun: vous êtes tous les deux des êtres loyaux, fiables et émotivement stables. Ne souhaitant ni l'un ni l'autre révolutionner le monde, vous laissez la gloire et la fortune à des amis plus ambitieux. En autant que vous meniez une vie paisible avec un partenaire qui a des affinités avec vous, vous vous considérez comme heureux. Cependant, le vert étant beaucoup plus sociable que son partenaire il pourra se sentir brimé par les goûts plus modestes du gris concernant sa vie sociale, et le fait que ses amis soient considérés comme des intrus au sein du couple. D'autre part, le vert est sujet à l'anxiété lorsque son conjoint sombre dans une humeur morose. Même si le gris ne lui fournit aucun motif de douter de son engagement envers lui, le vert est assez inquiet de nature pour conclure à une fuite de la part de son partenaire quand il cherche à s'échapper dans son propre univers.

Apprenez à faire des compromis selon vos propres besoins. Prévoyez des sorties en groupe qui permettront au vert de se défouler, mais passez également du temps ensemble. Après l'une de ses inévitables crises d'introspection, discutez ouvertement avec le gris de ce qui s'est passé. S'il désire partager ce qu'il a vécu, vous pourrez tous deux mieux réagir la prochaine fois. Le vert doit tolérer que le gris ait besoin de s'isoler à l'occasion pour vivre ses émotions. La clé du succès de leur union est d'accepter pour chacun les penchants et les désirs de son partenaire.

VERT/NOIR 1

Plusieurs traits de caractère les attirent l'un vers l'autre. Le vert ne peut s'empêcher d'admirer les manières raffinées du noir. Il tient beaucoup à son image publique, aussi est-il gratifiant pour lui d'avoir un partenaire aussi impressionnant que le noir. Naturellement, il n'est pas déplaisant pour le noir d'avoir un partenaire qui l'idéalise. Ensemble, ils jouiront d'une vie sociale enviable. Le noir est un meneur qui attire les gens comme un aimant, alors que le vert a le don de susciter l'amitié et de cultiver des liens étroits avec plusieurs personnes.

Toutefois, si vous n'y veillez pas attentivement, votre relation pourrait se heurter à de nombreux obstacles. Par exemple, vous risquez de vous négliger mutuellement à force de vous engager avec d'autres personnes. Tout en butinant, vous oubliez les gens qui vous tiennent à cœur. Il est donc essentiel de vous réserver tous deux des moments d'intimité.

Un conflit pourra par ailleurs opposer les partenaires si le vert réagit au besoin de domination du noir, qu'il l'ait ou non encouragé dans cette attitude. Pour éviter l'escalade, le vert devra s'affirmer davantage et céder moins souvent au noir. Si vous vous traitez d'égal à égal, vous serez d'excellents amis, en plus de former un beau couple d'amoureux.

JAUNE/JAUNE   5

Vous avez les mêmes traits de caractère. Vous aimez les choses nouvelles, différentes, futuristes. Le changement n'est pas une menace pour vous, au contraire, vous y aspirez détestant la routine et le «pareil au même» que vous trouvez ennuyeux. Vous ne redoutez pas de sonder les limites de votre imagination. Vous êtes des idéalistes et aimeriez contribuer à bâtir un monde meilleur. Vous ne méprisez pas les choses matérielles, mais elles ne sont pas aussi importantes que les valeurs spirituelles de votre existence.

Ça va bien jusqu'ici? Cela devrait! Une relation entre deux jaunes est souvent merveilleuse. Mais il y a un détail à surveiller. L'idéalisme se reflète rarement dans la réalité. Vous serez portés à contempler vos rêves plutôt que de vous astreindre à les concrétiser. En conséquence, beaucoup de réalisations que vous souhaiteriez accomplir ensemble resteront à l'état de projet. Afin d'éviter de vous réveiller un jour en constatant que le temps s'est envolé et que vous n'avez pas réalisé la moitié de ce que vous espériez faire, vous devriez vous motiver à passer à l'action au lieu de rêver.

JAUNE/VIOLET   4

Attendez-vous à une association intéressante. Vous êtes des individus extrêmement créatifs, ayant du flair pour ce qui est innovateur et artistique. Vous jouissez d'une imagination débordante qui promet de raviver continuellement votre relation. Que vous soyez ensemble deux mois ou vingt ans, vous déclencherez toujours l'émotion entre vous.

Mais vous n'êtes pas ce qu'on appelle le couple parfait. Vous avez aussi vos limites et vous rencontrerez inévitablement des problèmes en cours de route. Le jaune sera affecté par la morosité du violet. Se croyant obligé de partager les hauts et les bas de son partenaire, il aura peine à suivre son rythme et aura tendance à s'en détacher, le jugeant impossible à supporter. Pour sa part, le jaune pourra également reprocher au violet son comportement autoritaire et dominateur.

D'un côté comme de l'autre, vous vivrez dans un conte de fées où vous ferez des rêves merveilleux sans vraiment essayer de les matérialiser. Vos problèmes ne seront donc pas faciles à résoudre. Cependant, si vous acceptez les imperfections d'une union qui s'avère agréable sous plusieurs aspects, vous éprouverez beaucoup de satisfaction ensemble.

JAUNE/BRUN   **6**

Dans votre cas, les opposés s'attirent et cela est excellent! Bien que le brun soit beaucoup plus conservateur que le jaune, vous réussirez habituellement à concilier vos divergences. La fascination du jaune pour les nouveautés sera tempérée par l'obstination du brun à leur préférer les choses anciennes... et ensemble, vous pourrez créer une ambiance bien meilleure que tout ce que vous auriez souhaité séparément. Une autre caractéristique favorable à votre union est votre façon de considérer le travail. Le brun est porté à tout prendre au sérieux alors que le jaune est plus enjoué et moins vaillant à la tâche. Sans le brun, le jaune ne parviendrait peut-être jamais à achever quoi que ce soit. Grâce au jaune, le brun peut apprendre à se laisser aller et à s'amuser plutôt que de voir la vie comme une suite interminable de corvées et de responsabilités à assumer. De plus, le brun est profondément lié à ses proches et il saura montrer au jaune comment leur manifester plus ouvertement son affection.

Si vous cherchez à déceler des côtés négatifs dans cette solide alliance, vous serez déçus. Le jaune et le brun sont merveilleusement compatibles dans tous les sens du mot.

JAUNE/GRIS   **2**

Il vous revient à tous les deux de déterminer l'avenir de votre association. Vous connaîtrez une union heureuse et durable, ou une liaison brève et traumatisante. Vous êtes très différents l'un de l'autre, c'est un fait. À vous donc de décider si ces différences sauront vous séparer ou vous unir. Votre principale source d'ennuis est la façon dont vous communiquez avec le monde extérieur. Le gris préfère s'isoler, particulièrement lorsque les situations se corsent alors que le jaune aime s'engager dans la bataille et y participer activement.

Même si vos tempéraments semblent trop différents pour que vous puissiez vous entendre, en modifiant légèrement vos attitudes, vous commencerez à apprécier votre partenaire pour ce qu'il est plutôt que pour ce qu'il n'est pas. Au lieu de déplorer la réserve du gris, le jaune appréciera sa douceur. Plutôt que de lutter contre la personnalité aventureuse du jaune, le gris acceptera de rompre son isolement, s'efforçant d'apprécier un brin de stimulation sociale (à petites doses). Si vous avez l'esprit ouvert, vous découvrirez avec plaisir que vous pouvez jouir de vos différences plutôt que d'en souffrir.

JAUNE/NOIR   3

Cette relation a du potentiel, mais il ne sera pas toujours facile de la maintenir en équilibre. À l'occasion, les partenaires pourront se heurter. Moins dominateur que le noir, le jaune devra renoncer à jouer un rôle complètement passif. Le noir est un partenaire actif qui incite les autres à bouger, alors que le jaune n'aime pas se faire imposer des idées toutes faites. Heureusement, tous deux partagent à peu près les mêmes intérêts et les mêmes valeurs, souhaitant s'engager activement dans le monde et explorer de nouveaux horizons. Cependant, ils sont portés à se froisser quand on les contrarie.

Vous devez prendre conscience de votre propension à considérer les choses de façon négative. Laissé à lui-même, le jaune s'interroge sur ce qui ne va pas, élaborant des stratégies pour se sortir d'une impasse (quoique ces stratégies ne soient jamais vraiment appliquées étant donné que le jaune pense beaucoup plus qu'il n'agit). L'influence du noir sera déterminante sur lui, car elle l'incitera à approfondir sa réflexion sur le monde en général et sur sa vie en particulier. Autrement, les soucis qui assaillent le jaune pourraient le mener à la déprime et neutraliser les efforts qu'il fait pour améliorer sa vie. Un tel partenaire n'apporte évidemment rien de positif au moral du noir. Pour éviter de sombrer dans le désespoir et la mélancolie, vous tenterez donc de vous concentrer sur ce qui est positif.

VIOLET/VIOLET   4

Votre vie commune sera remplie de drames. N'étant ni l'un ni l'autre porté à vous fondre dans le décor, vous vous attendrez à faire le tour du monde et ne verrez aucune raison de manquer le bateau. Les autres auront beau critiquer votre effronterie, cela ne vous contrariera pas du tout. Vous jouissez d'une saine assurance et ne souhaitez absolument pas mettre vos personnalités en veilleuse.

Avant de conclure que tout est parfait dans une relation unissant deux violets, considérez ceci. Vous préférez tous les deux un monde imaginaire à la vie réelle et vous fuyez constamment les situations bien concrètes. En raison de vos natures agitées et changeantes, vous trouverez peut-être difficile de vous engager dans une relation à long terme. Vous n'aimez pas les obligations et préférez vivre le plus librement possible sans vous attarder au fait que toute relation entraîne une perte de liberté et nécessite des compromis. Il est vital que vous développiez des mécanismes d'adaptation qui vous permettront de faire face à vos responsabilités et aux réalités de la vie.

VIOLET/BRUN   6

Vous n'avez aucun trait de caractère en commun, mais cela ne vous rend pas incompatibles. Au contraire, vous vous complétez grâce à vos différences. La vivacité du violet contraste heureusement avec la nature étriquée du brun. Au lieu de lutter pour avoir la vedette, le brun s'effacera pour que le violet reçoive toute l'attention qu'il désire. À l'inverse, la présence du violet empêchera le brun de sombrer dans la monotonie, en lui réservant des effets de surprise et en l'incitant à relever des défis.

Chacun apporte exactement ce dont l'autre a besoin. L'imagination du violet et sa créativité permettent au brun de s'évader du travail. Le brun n'a rien de particulièrement réjouissant dans sa vie et le violet représente justement la joie et la bonne humeur. Le brun accepte inconditionnellement le violet, lui permettant de donner libre cours à ses instincts créatifs. Le brun est en effet très tolérant et ne porte pas de jugement. Il n'est peut-être pas le partenaire le plus intéressant, mais le violet est heureux de partager sa vie, appréciant sa discrétion et le fait qu'il soit si peu exigeant. Vous éprouverez beaucoup de satisfaction ensemble.

VIOLET/GRIS   1

C'est une association pleine de contrastes. Un partenaire violet empêche le gris de poursuivre la vie paisible qu'il trouve si plaisante. L'ego du violet, son caractère changeant et son penchant pour le drame peuvent devenir envahissants pour le gris. En effet, le violet ne permet pas au gris de s'isoler, l'obligeant au contraire à adopter son mode de vie.

Les sources de conflits pourraient sans doute s'atténuer si le violet renonçait à son désir de voir son partenaire l'imiter à tout prix. Au lieu de l'inciter à devenir sociable et créatif, le violet devrait réaliser que le gris complète sa personnalité. Car celui-ci n'essayera pas de rivaliser avec lui, mais préférera demeurer à l'écart plutôt que de faire quoi que ce soit qui priverait le violet de l'attention qu'il désire. Cependant, le gris devra apprendre à apprécier la passion et l'exubérance de son partenaire, toutes qualités propres à agrémenter sa vie. En examinant sérieusement les enjeux de votre relation, vous constaterez probablement que vous avez des côtés nettement différents mais qui ne sont pas nécessairement négatifs.

VIOLET/NOIR   3

Vous ne vous ennuirez jamais! Vous avez tous deux une bonne opinion de vous-mêmes et, en conséquence, vous sentez que vous méritez d'obtenir ce que vous désirez. Ces sentiments sont à l'origine de l'agressivité que vous déployez pour arriver à vos fins. Vous préférez même rivaliser avec votre partenaire plutôt que d'agir en amoureux avec lui. Vous connaîtrez de nombreuses luttes pour le pouvoir, chacun de vous souhaitant être considéré comme le chef. Le noir, plus dominateur que le violet, sortira souvent vainqueur de ces épreuves. Si le violet l'accepte, leur association pourra se maintenir, mais s'il refuse d'assumer le rôle passif que le noir lui impose, leurs fortes personnalités s'affronteront au lieu de se compléter dans l'amour et la douceur.

Cependant, vous pourrez jouir ensemble d'une vie culturelle et sociale active et raffinée. Vous vous élèverez au-dessus des trivialités en accueillant favorablement tout ce qui est nouveau et créatif. Vos nombreux admirateurs ne soupçonneront pas vos luttes intestines, se fondant sur votre image publique pour vous juger impressionnants. En fait, il ne vous manque que la chaleur pour former un couple semblable aux autres, mais vous profitez d'un avantage sur eux en jouissant de la sensation que vous procure votre belle image.

BRUN/BRUN   **4**

Bien que les couples qui vous entourent s'amusent plus que vous, vous vous en moquez, misant plutôt sur votre réussite matérielle pour consolider votre union. Vous pouvez vous permettre de vous fixer des objectifs ambitieux; ensemble, vous les atteindrez facilement. Chaque partenaire est un modèle pour l'autre: si l'un est tenté d'être moins consciencieux, le second saura le rappeler à l'ordre.

Malheureusement, vous ne savez ni l'un ni l'autre comment jouir de vos succès. Malgré toutes vos richesses, vous ne parvenez pas à faire votre bonheur, vos natures sérieuses et disciplinées vous empêchant de profiter de la vie. Ne pensant qu'à travailler, vous avez négligé d'apprendre à vous amuser et, parce que vous ne savez pas quoi faire de votre temps libre, vous finissez par travailler encore plus pour combler le vide. C'est le cercle vicieux; vous ne saurez jamais jouir de la vie si vous ne l'interrompez pas. Laissez-vous aller, ne serait-ce qu'une fois par semaine. Au lieu de toujours vous consacrer au travail, efforcez-vous aussi d'avoir du plaisir.

BRUN/GRIS   6

Le brun et le gris sont bien ensemble; leur compatibilité ne fait aucun doute! Tous deux désirent un partenaire sur qui ils peuvent compter et avec qui ils pourront partager une vie tranquille. Bien que vous soyez peut-être tenté de rechercher une personne ayant plus d'exubérance ou d'imagination, vous ne voudriez jamais sacrifier le confort et la sécurité que peut vous procurer un brun ou un gris.

Si vous évitez de rompre la routine, vous jouirez d'une vie paisible. Mais attention à vos réactions si vous faites face à un changement subit ou si vous devez affronter une tempête. N'ayant pas développé les mécanismes de défense nécessaires pour supporter les moments difficiles de votre vie, vous découvrirez que le bel édifice que vous avez bâti ensemble peut facilement s'effondrer.

BRUN/NOIR   1

Admettez-le, vous ne voyez pas toujours les choses du même œil. Le noir n'aime rien de mieux que de jeter ce qui est vieux et usé alors que le brun tient à ses vieilles pantoufles autant qu'à ses objets familiers. Le noir expérimente parfois de nouvelles méthodes et ne craint pas d'adopter un nouveau style pour le simple plaisir de faire sensation; le brun ne se demande même pas s'il y a d'autres méthodes que les siennes. Le noir tentera bien sûr d'imposer son point de vue à un partenaire aussi accommodant.

Il est important de faire des compromis pour assurer la survie d'une telle relation. Le brun devra s'ouvrir au changement. Cela pourra lui sembler pénible au début mais, peu à peu, il apprivoisera les nouvelles expériences avec un plaisir certain. Il appréciera en outre que le noir se consacre à lui rendre la vie captivante plutôt que rassurante mais ennuyeuse. De son côté, le noir veillera à ne pas trop presser le brun lors de son apprentissage; d'autre part, il s'efforcera de lutter contre sa tendance à vouloir profiter de sa candeur.

| GRIS/GRIS | 3 |

Vous n'aurez pas souvent de problèmes ensemble, mais votre vie ne sera pas des plus mouvementées. Et puisque vous préférez éviter le stress, cela vous conviendra parfaitement. Cependant, à force d'essayer d'éliminer toutes les sources de conflits, vous limiterez vos chances de vous épanouir. Car en voulant fuir les soucis à tout prix, vous vous privez autant du plaisir de relever les défis que de la satisfaction d'en récolter les fruits.

L'esprit de compétition et la confrontation tiennent peu de place dans votre relation. Vous traversez la vie lentement mais sûrement, sacrifiant même l'intimité et la communication à la tranquillité. Vous êtes très réservés et ne voyez pas l'utilité d'exprimer ouvertement vos émotions. Comme ce trait vous est commun, aucun de vous ne se sentira menacé par cette absence de communication. Malheureusement, votre association manquera parfois de chaleur; à l'occasion, vous pourrez vous demander si vous êtes ensemble pour vivre un grand amour et si le confort ne vous retient pas de chercher un partenaire plus excitant.

| GRIS/NOIR | 1 |

Il vous faudra déployer beaucoup d'efforts pour devenir le moindrement compatibles. Le noir se sent inutilement ralenti par le gris. Quand ce dernier choisit de s'écarter devant les situations difficiles, le noir s'impatiente aussitôt. Contrairement à son partenaire, il cherche à s'engager davantage et à relever des défis. Le gris demeurera donc sur la défensive, insensible aux encouragements insistants du noir pour qu'il participe à cette lutte nécessaire.

Pour l'amour de l'autre, ils devront changer leurs attitudes, le noir atténuant son côté vindicatif et le gris s'efforçant d'être plus énergique. Devenant peu à peu des individus plus épanouis, ils pourront former un couple plus équilibré. Le noir cessera d'inciter le gris à faire des choses qui lui sont désagréables tandis que le gris osera lui faire part de ses propres besoins et de ses propres aspirations. Vous vivrez en paix si vous acceptez ces différences naturelles.

Il s'agit d'une relation complexe, souvent difficile à vivre. Cependant, si elle réussit, les partenaires éprouveront beaucoup de plaisir ensemble, tous deux étant dotés de personnalités fortes et dynamiques.

Vous êtes deux rebelles et l'un d'entre vous sera particulièrement farouche quand l'autre refusera de se rallier à son point de vue, chacun désirant le contrôle de la situation. Vous montrant très affectés par des opinions qui ne concordent pas avec votre idéal, votre extrême sensibilité sera à l'origine de nombreuses discussions. Cependant, comprenant votre partenaire mieux que quiconque, vous vous estimerez probablement bien avisé de subir toute cette agitation puisque vous vivrez également, grâce aux mêmes excès qui peuvent vous affliger, des joies spectaculaires.

CHAPITRE 6

Le sommeil

Vous avez peut-être l'impression de ne rien révéler de vous-même lorsque vous dormez, mais c'est loin d'être vrai. Les positions adoptées par votre corps durant le sommeil reflètent vos comportements en temps de veille.

Un dormeur adopte tout au plus une douzaine de positions au cours de la nuit. Vous devriez rapidement découvrir celle que vous adoptez le plus souvent. Si vous n'y arrivez pas, demandez à quelqu'un de vous observer pendant que vous dormez.

Consultez la liste suivante. Vous y trouverez les différentes positions du sommeil. Samuel Dunkell, un psychiatre spécialiste du sommeil et auteur de *Sleep Positions: The Night language of The Body* (New York, Morrow, 1977), a découvert que l'être humain dort plus souvent en position fœtale, sur le côté, sur le dos, ou sur le ventre. Cependant, il existe des variantes déterminées entre autres, par la position des mains et des pieds. Identifiez votre position préférée et comparez votre réponse avec celle de votre partenaire. Vous découvrirez si vous avez d'autres points de compatibilité.

Position fœtale

Le sujet est recroquevillé sur le côté, les genoux remontés vers le menton, les mains glissées entre les genoux ou croisées contre la poitrine.

Sur le côté

Le sujet est allongé sur le côté, les genoux légèrement pliés, et sa tête repose sur un de ses bras. Il s'agit d'une variante moins prononcée de la position fœtale.

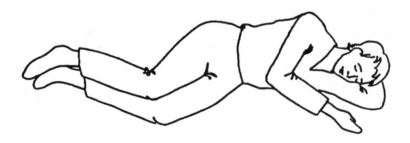

Sur le dos

Le sujet est couché sur le dos, bras et jambes écartés.

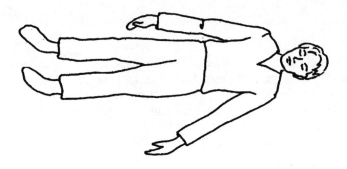

Sur le ventre

Le sujet est couché sur le ventre, les bras étirés au-dessus de la tête, jambes ouvertes et pieds écartés.

Personne 1	Position	Personne 2
_____	Fœtale	_____
_____	Côté	_____
_____	Dos	_____
_____	Ventre	_____

Remarque:

Vous constaterez probablement que vous dormez dans plus d'une position. Par exemple, vous vous endormez sur le dos, mais au réveil, vous êtes sur le côté. De préférence, indiquez la position que vous adoptez pendant le sommeil. Si vous dormez dans plus d'une position, cochez chacune d'entre elles. Lisez le profil correspondant à celles-ci. Par exemple, si vous dormez dans la position fœtale et sur le ventre, et que votre partenaire dort sur le dos, vous lirez les profils fœtale-dos et ventre-dos.

FŒTALE/FŒTALE   5

Vous désirez tous deux que vos besoins mutuels soient comblés. Vous aspirez à une vie paisible et ordonnée capable de vous apporter la sécurité. Vous serez très dépendants l'un de l'autre et hésiterez à laisser des personnes étrangères entrer dans votre univers doutant de pouvoir leur faire confiance. Vous craignez l'inconnu et ferez tout pour l'éviter. Aussi longtemps que vous serez ensemble, vous ne pourrez marquer aucun progrès dans votre vie personnelle. Toutefois, cette idée vous réconfortera au lieu de vous troubler.

FŒTALE/CÔTÉ   5

L'individu habitué à dormir sur le côté est un excellent partenaire pour celui qui préfère la position fœtale. Comme il est en paix avec lui-même, il affrontera facilement les inquiétudes de son conjoint et l'aidera à régler ses problèmes. Il fera preuve de patience et de compréhension devant les réticences de ce dernier à s'engager pleinement dans la vie, lui permettant ainsi de s'épanouir.

FŒTALE/VENTRE   5

Vous avez plus d'un point en commun. Vous aimez organiser votre horaire afin d'éviter les imprévus. Vous vous entendez pour sacrifier beaucoup de votre liberté personnelle en faveur de votre besoin de sécurité. Celui qui dort sur le ventre est légèrement plus actif et il s'affirme davantage que son partenaire. Cela convient tout à fait à ce dernier qui préférera lui laisser adopter le rôle du meneur.

FŒTALE/DOS   1

Vous êtes très différents l'un de l'autre, aussi devrez-vous accorder une attention particulière à ce qui risque de vous opposer. Celui qui dort sur le dos a beaucoup d'assurance; il aime attirer l'attention et provoquer l'admiration des autres. Son partenaire préfère s'isoler et vivre de façon passive, en se fondant dans le décor. Vous devez avant tout vous sentir à l'aise au sein de cette association. Celui qui dort sur le dos fera bien de poursuivre ses activités, que son partenaire accepte ou non de l'accompagner. Pour sa part, celui qui dort en position fœtale devra s'efforcer de s'affirmer et confirmer de mener sa vie telle qu'il l'entend, en dépit de l'opinion de son partenaire. Évitez néanmoins de vivre chacun de votre côté. Trouvez des activités qui vous plairont à tous les deux même si vous devez tergiverser longtemps avant d'en trouver une.

CÔTÉ/CÔTÉ   6

La perfection n'existe pas, mais votre association n'en est pas loin en réalité. Vous jouissez d'une excellente santé mentale, vous avez un bon sens de l'humour et vous êtes réceptifs à ce qui vous entoure. Tous deux ouverts à tout ce qui risque de vous apporter du bonheur, vous vous encouragez mutuellement à accepter les changements qui pourront contribuer à votre bien-être. Vous aimez l'autre tel qu'il est et vous ne perdez pas votre temps à essayer de le changer.

CÔTÉ/VENTRE   **4**

Grâce à l'esprit conciliant de celui qui dort sur le côté, votre vie commune ne devrait pas connaître de grands bouleversements. L'obsession du détail propre à celui qui dort sur le ventre et son esprit dominateur en irritent bien d'autres, mais son partenaire n'en fait pas tout un plat, sachant comment réagir en période difficile. Il l'incitera à changer d'attitude en lui témoignant beaucoup d'affection et en se servant de son précieux sens de l'humour.

CÔTÉ/DOS   **6**

Vous formez un merveilleux duo. La personne qui dort sur le côté ne rivalisera pas avec son partenaire qui a continuellement besoin d'être en vedette, au grand bonheur de ce dernier. Vous saurez éviter les heurts, car vous désirez fondamentalement la même chose: une vie remplie de défis et d'aventures.

VENTRE/VENTRE   **2**

Les luttes pour le pouvoir surgiront inévitablement entre vous. Chacun a besoin de sentir qu'il détient le pouvoir et, au lieu de s'incliner courtoisement, chacun utilisera tous les moyens à sa disposition pour l'obtenir. Vous croirez agir comme des adversaires mais en fait, vous vous comporterez en vrais amoureux.

VENTRE/DOS   3

Celui qui dort sur le ventre aimerait parfois avoir un partenaire passif et facile à dominer, mais l'individu qui dort sur le dos
ne se laisse pas facilement manipuler. Au contraire, son côté
impétueux se manifestera si l'autre essaie de le dominer, envisageant même de rompre s'il se montre trop autoritaire. Il est vital
que son partenaire le considère comme son égal si tous deux
désirent cohabiter. Leur relation sera satisfaisante en autant que
chacun saura respecter son partenaire.

DOS/DOS   5

Ils aiment être au premier plan sans toutefois exiger à tout
prix la première place ou l'attention inconditionnelle d'autrui.
L'esprit de compétition qui les anime devrait les aider à maintenir
un sain équilibre. Vous mènerez une vie excitante si vous profitez
de votre force et de vos multiples talents.

CHAPITRE 7

Les sports

Il est important de faire régulièrement de l'exercice pour se maintenir en bonne santé mentale et physique. Toutefois personne ne s'entend pour dire quel type d'exercice il faudrait privilégier. Certains se prononcent en faveur d'une activité physique précise alors que d'autres affirment que *leur* sport est réellement le plus bénéfique ou le plus amusant.

Vos préférences à ce sujet donnent d'autres indications sur les chances de succès de votre ménage et sur votre taux de compatibilité. Par exemple, un couple dont les partenaires sont des adeptes de la natation évoluera différemment d'un couple formé d'un haltérophile et d'une personne pratiquant la marche. Comparez vos goûts et découvrez ce que votre sport préféré révèle sur votre relation.

Jeu-questionnaire

Parmi les sports suivants, lequel pratiquez-vous le plus souvent? Si vous ne pratiquez aucun sport régulièrement, indiquez le dernier genre d'exercice que vous avez eu l'occasion de faire ou celui que vous aimeriez pratiquer à l'avenir. Comparez vos réponses et consultez le profil correspondant.

Personne 1	Sport	Personne 2
_____	Course	_____
_____	Vélo	_____
_____	Natation	_____
_____	Marche	_____
_____	Yoga	_____
_____	Gymnastique	_____
_____	Arts martiaux	_____
_____	Haltérophilie	_____
_____	Tennis/Squash	_____
_____	Ballet/Patinage artistique	_____

Remarque:

Si vous ne parvenez pas à identifier le type d'exercice qui vous plaît davantage, vous pouvez indiquer jusqu'à trois choix différents. Comparez vos réponses avec celles de votre partenaire. Vous obtiendrez plusieurs combinaisons possibles. Par exemple, si vous aimez la course et la natation, et que votre partenaire aime les arts martiaux, le yoga et la natation, vous devrez lire les profils suivants: course-arts martiaux, course-yoga, course-natation, natation-arts martiaux, natation-yoga et natation-natation.

Au cours de votre lecture, vous découvrirez certaines contradictions. L'association natation-arts martiaux est merveilleuse, tandis que le duo course-arts martiaux pourra paraître moins harmonieux. Ces informations vous seront néanmoins utiles puisqu'elles indiquent les différentes étapes dans lesquelles vous aurez à vous engager avec votre partenaire.

COURSE/COURSE   5

Tout va bien... peut-être même trop bien. Vous êtes très ambitieux et votre carrière compte avant tout. L'harmonie peut cependant se troubler si vous ne consacrez pas suffisamment de temps et d'énergie à votre partenaire. Heureusement, vous êtes autant doués pour vous fixer des buts que pour les atteindre. Si vous vous éloignez l'un de l'autre, vous en découvrirez facilement la raison et trouverez la solution qui s'impose. Grâce à votre détermination, vous parviendrez à redresser la situation.

| COURSE/VÉLO | 5 |

Bien que vous soyez aussi différents que le jour et la nuit, les coureurs et les cyclistes sont généralement compatibles. Contrairement au coureur, le cycliste est plutôt conformiste et préfère un cadre familier à la nouveauté. Cela ne constitue pas un problème en soi à condition de vous organiser pour combler vos besoins respectifs. Ayant de l'assurance à revendre, le coureur saura remonter le moral du cycliste. En outre, il appréciera la nature calme de ce dernier et mènera; grâce à lui, une vie moins précipitée et probablement plus satisfaisante.

| COURSE/NATATION | 6 |

Grâce au caractère unique de chacun, vous formez un couple très spécial. Le nageur est un être sensuel et veut goûter à toutes les formes de plaisir. De son côté, le coureur est souvent trop concentré à courir et à se préoccuper de lui-même pour profiter pleinement de la vie. Le nageur l'incitera donc à la détente et au voyage au lieu de l'encourager à s'escrimer pour atteindre le fil d'arrivée. Le coureur, plus fonceur par nature, secouera pour sa part la paresse du nageur et stimulera son énergie. Ensemble, vous accomplirez un grand nombre de projets sans pour autant renoncer à vos activités individuelles.

| COURSE/MARCHE | 6 |

Votre relation s'épanouira grâce au respect mutuel que vous vous témoignez. Le rythme du coureur, qui frôle la compulsivité, est nettement différent de celui du marcheur. Cependant le coureur ne peut qu'admirer la force intérieure et l'esprit pratique de son partenaire, celui-ci avançant tranquillement mais avec une volonté inébranlable. Le coureur résistera donc à la tentation de lui imposer son image comme modèle, lui permettant de s'exprimer comme bon lui semble.

| COURSE/YOGA | 4 |

Vous n'avez pas grand-chose en commun. Le partenaire qui pratique le yoga est très réfléchi et préoccupé des choses spirituelles, alors que le coureur est tourné vers l'extérieur, et concentré sur le matériel. L'esprit de compétition anime le coureur; le yogi préfère cohabiter en paix avec les autres. Le coureur vit à un rythme trépidant, alors que le yogi s'impose un mode de vie plus lent. Par conséquent, il ne serait pas réaliste d'espérer que l'un ou l'autre modifie son rythme. Cependant, la patience du yogi pourra venir apaiser l'agitation du coureur dont la détermination se traduira par un engagement fervent au sein de cette curieuse association. Le coureur fera tout pour qu'elle réussisse.

| COURSE/GYMNASTIQUE | 2 |

Votre vie commune promet d'être difficile. Ayant tous les deux un grand esprit de compétition vous êtes portés à vous dresser l'un contre l'autre plutôt que de travailler de concert à votre bien-être. Vous recherchez constamment la stimulation ce qui vous mène inévitablement au surmenage. Vous avez tendance à vous épuiser physiquement et mentalement en vous adonnant à plusieurs activités. Autre point de divergence: le coureur est loin d'être aussi sociable que le gymnaste. Ce dernier éprouvera donc de la frustration et se sentira négligé quand le coureur voudra combler son besoin de solitude. À moins que vous ne soyez aussi autonome l'un que l'autre. Cela constituera une source importante de conflits entre vous.

| COURSE/ARTS MARTIAUX | 3 |

Vous êtes dotés d'un esprit indépendant et pratique, mais c'est le seul point de similarité entre vous. Le partenaire qui a choisi les arts martiaux est plus enclin à l'introspection que celui

qui pratique la course. Ce dernier a l'esprit libre et se livre facilement à des mondanités que son partenaire considère superficiel-
les. Naturellement, vos différences menacent la stabilité de votre
relation. Le coureur pourra cependant acquérir plus d'intériorité
s'il fréquente quelqu'un qui pratique les arts martiaux.

COURSE/HALTÉROPHILIE	2

Une union aussi inégale suscitera peu de satisfaction, les
partenaires étant trop repliés sur eux-mêmes pour se donner
mutuellement ce dont ils ont besoin. Le coureur ne veut pas d'un
partenaire exigeant, il préfère une relation qui lui accorde beaucoup de liberté. Conséquemment, il ne pourra pas toujours être
le soutien dont rêve l'haltérophile. Tous deux devront nécessairement changer d'attitude. Tout ira mieux si le coureur s'affirme
davantage, et si l'haltérophile comprend que son partenaire a
beaucoup de respect et d'admiration à son égard même s'il ne le
montre pas toujours.

COURSE/TENNIS-SQUASH	1

Vous aurez de la difficulté à maintenir une relation durable,
car vous avez des traits communs qui peuvent miner votre vie
amoureuse. Vous êtes tous les deux agressifs et agissez sans
aucun scrupule afin de combler tous vos besoins. Tout va pour le
mieux lorsque vous obtenez tous les deux ce que vous voulez,
mais attention aux conséquences lorsque l'un d'entre vous n'a
pas ce qu'il désire! À moins de vous efforcer de conserver votre
calme en présence de l'autre, vous risquez de vous emporter souvent. L'amateur de tennis-squash contrôlera son impulsivité et
évitera de lui dire des paroles blessantes. Le coureur calmera ses
inquiétudes en comprenant que son partenaire ne peut pas toujours être là pour l'encourager autant qu'il le désire. Votre relation s'améliorera si vous essayez d'être tous les deux un peu
moins égoïstes.

COURSE/BALLET-PATINAGE ARTISTIQUE	2

Vous évoluez dans des mondes complètement différents. Vous avez très peu de choses en commun et vous arrivez rarement à communiquer ensemble. Le coureur poursuit sa vie à toute vitesse dans le but d'atteindre ses objectifs le plus rapidement possible. Terminer une tâche au plus vite est ce qui lui importe le plus; il n'aime donc pas s'attarder sur la façon de l'exécuter. De son côté, le danseur savoure l'instant présent et aime approfondir sa façon de faire les choses. Vos modes de vie fort différents risquent donc de provoquer de fréquentes frustrations entre vous. Le danseur-patineur sera vexé si le coureur se montre expéditif en faisant l'amour; le coureur en voudra à son partenaire d'avoir tendance à ralentir son rythme de vie. Vous ne vous disputerez pas aussi souvent que d'autres couples, mais vous n'entretiendrez pas non plus des liens très étroits.

VÉLO/VÉLO	4

Votre compatibilité ne fait aucun doute. Vous vous ressemblez beaucoup et vous êtes à l'aise ensemble. Mais votre union n'en sera pas parfaite pour autant. Étant tous les deux très conformistes vous hésitez à briser le moule, ce qui freine votre épanouissement et entraîne la stagnation. Vous possédez un autre point commun qui aura tendance à s'intensifier: la possessivité. Lorsque deux cyclistes s'unissent, ils doivent lutter contre ce fâcheux penchant s'ils souhaitent vivre en harmonie.

VÉLO/NATATION	3

Vous avez peine à vous comprendre parce que vous êtes foncièrement différents. Le cycliste risque de s'ennuyer avec un nageur qui a grand besoin de sécurité matérielle. Aussi éprouvera-t-il un malaise devant ce partenaire pour qui les apparences ne comptent pas. De son côté, le nageur sera décontenancé par la rigidité du cycliste et il pourra se sentir pris au piège par un conjoint qui ne consent jamais à rompre les liens qu'il a établis. Si vous désirez demeurer ensemble, le cycliste devra accepter le besoin de liberté du nageur tandis que ce dernier aura soin de garder en mémoire les penchants du cycliste pour une vie stable et matérialiste.

VÉLO/MARCHE   5

Vous formez un couple équilibré assuré de poursuivre une vie calme et agréable. Ayant l'esprit pratique et partageant le sens des responsabilités vous n'hésitez pas à vous en servir pour vivre une journée à la fois (contrairement à d'autres couples qui négligent leurs problèmes jusqu'à ce que ceux-ci soient hors de proportion). Le marcheur est toutefois un peu plus indépendant que le cycliste. Si ce dernier réussit à accepter le besoin d'autonomie de son partenaire, leur association pourra frôler la perfection.

VÉLO/YOGA   3

À cause de vos différences, il vous faudra fournir beaucoup d'efforts pour que votre relation se poursuive en douceur. Si vous succombez à la tentation de vous concentrer seulement sur ce qui vous oppose, vous pourriez perdre tout ce qui vous unit. Le yogi est cérébral et créatif alors que le cycliste a les deux pieds sur terre. Vous pouvez cependant compter sur des intérêts communs capables de vous remettre sur la même longueur d'onde. Consacrez un peu de temps à vous remémorer les pensées et les sentiments que vous éprouviez lorsque vous étiez plus romantiques. Cela vous permettra de renforcer vos liens émotifs.

VÉLO/GYMNASTIQUE   6

Vous formez un couple enviable. Vous aimez tous les deux mener une vie structurée; selon vous, l'incertitude entraîne automatiquement l'anxiété. La monotonie vous guette néanmoins. Heureusement, plus sociable que le cycliste, le gymnaste saura organiser à son partenaire une vie mondaine agréable. Votre réseau d'amis apportera la stimulation qui autrement ferait défaut dans vos vies.

VÉLO/ARTS MARTIAUX   2

Attendez-vous à vivre des moments pénibles. La personne qui pratique les arts martiaux plus que son partenaire, risque de souffrir d'insatisfaction. Étant profondément engagée dans une démarche de croissance personnelle, elle se sentira brimée par le conformisme du cycliste et sera exaspérée par ses réticences au changement. Évidemment, sa moindre tentative pour essayer de modifier le style de vie du cycliste sera mal perçue par ce dernier et risque de le contrarier profondément. Si vous désirez éviter ce conflit, vous devrez vous accorder mutuellement beaucoup d'espace et de liberté. Allouez-vous du temps et consacrez-vous à vos activités respectives sans vous immiscer dans celles de votre conjoint.

VÉLO/HALTÉROPHILIE   3

Il n'y a pas de nuages à l'horizon, mais il est peu probable que vous atteignez le même degré de chaleur et d'intimité dont jouissent les autres couples. Aussi ambitieux l'un que l'autre, vous prenez garde de ne pas empiéter sur le terrain de votre partenaire. Vous êtes très discipliné et vous préférez tout planifier plutôt que d'agir spontanément. Malheureusement, vous n'êtes pas des as de la communication et vous avez du mal à exprimer vos

émotions ou à parler ouvertement de vos sentiments. En conséquence, vous ne vous connaissez pas aussi bien que vous le
devriez si vous vouliez former un couple vraiment uni.

VÉLO/TENNIS-SQUASH   **5**

Votre relation sera durable en autant que le joueur de tennis
ou de squash veillera à maîtriser sa nature agressive. Même si le
cycliste est un être conciliant, on ne peut pas s'attendre à ce qu'il
tolère les comportements hostiles de son partenaire au moment
où celui-ci se sent mécontent ou frustré. Si ce dernier apprend à
distiller ses émotions négatives, ça ira mieux entre vous deux. La
présence du cycliste est apaisante, alors que le joueur de tennis
apporte de l'énergie et du piquant dans vos rapports. Bien que
votre style de vie et vos valeurs personnelles ne soient pas identiques, cela ne suscitera pas de conflits entre vous.

VÉLO/BALLET-PATINAGE ARTISTIQUE   **3**

Vous vous demanderez souvent ce que vous faites ensemble,
car vous n'avez pas beaucoup d'intérêts communs. Le danseur
est doué pour la communication ce qui lui permet d'exprimer
facilement ses émotions. Il sera cependant frustré devant les
capacités limitées du cycliste à partager ses pensées et ses sentiments. Autre point litigieux: le cycliste préfère s'en tenir à ses
habitudes alors que la personne qui danse ou patine aime explorer l'inconnu, cherchant toujours à s'améliorer, ce qui peut être
décourageant pour son partenaire cycliste, lequel se satisfait parfaitement de son sort et ne ressent pas le besoin de changer.
Vous devez être à l'écoute de l'autre si vous voulez que votre
union soit une réussite. D'autres couples n'ont qu'à se laisser
aller, mais vous devez constamment surveiller ce qui se passe
entre vous. Il vous faudra discuter souvent pour éviter les malentendus.

NATATION/NATATION	6

Vous mènerez une vie de couple tout simplement merveilleuse. Vous êtes tous les deux sensuels et ce côté s'accentue justement grâce à la présence d'une personne goûtant également les plaisirs des sens. Vous serez comblés sur le plan érotique. Vous avez l'art de rendre chaque moment agréable et vous savez prendre le temps de le savourer. Vous devinez exactement les besoins de l'autre. Vous avez les mêmes priorités. Il vous plaît de vivre chaque instant qui passe plutôt que d'attendre ou de rêvasser. Votre belle alliance pourrait être parfaite si seulement vous n'étiez pas aussi imbus de vous-mêmes, faisant passer vos désirs avant ceux des autres. Essayer d'être un peu moins égoïstes pourrait vous être bénéfique.

NATATION/MARCHE	5

Malgré des points discordants, vous vous entendez bien ensemble. Le nageur a surtout besoin de saisir les occasions d'explorer le monde, alors que le marcheur préfère affronter les événements de façon plus abstraite. Cette différence aura un effet favorable si la sensualité du nageur parvient à combler le marcheur et à condition que ce dernier aide le nageur à accroître ses capacités d'apprendre. Le marcheur est sérieux et responsable tandis que le nageur est un sybarite qui va jusqu'à négliger ses responsabilités si elles lui semblent désagréables. Vous formerez un couple heureux en laissant le marcheur libre d'agir à sa guise, ou encore, en aidant le nageur à devenir responsable.

NATATION/YOGA	6

Estimez-vous heureux de pouvoir cultiver la douceur. N'ayant ni l'un ni l'autre l'esprit de compétition, vous pouvez encourager votre partenaire et le respecter, lui apportant ainsi une qualité complémentaire: la sensualité si vous êtes le nageur ou encore, la spiritualité si vous êtes le yogi. Ne prenez cependant rien pour acquis et continuez à veiller l'un sur l'autre afin que votre union demeure aussi merveilleuse.

NATATION/GYMNASTIQUE   **2**

Votre association est loin d'être idyllique. La nature ambitieuse de l'un s'oppose au caractère effacé de l'autre. Le nageur aime la détente. Il prend les choses comme elles viennent et en les vivant pleinement, alors que le gymnaste est déterminé et autoritaire. Le nageur pourra le tolérer longtemps avant d'éclater, mais il voudra rompre éventuellement si son partenaire devient trop envahissant. La survie de votre union dépend donc de votre habileté à trouver un terrain d'entente.

NATATION/ARTS MARTIAUX   **6**

Vous formez un couple formidable et harmonieux, car vous évitez les émotions négatives, veillant à ne jamais vous emporter. Bien que chacun de vous soit doté d'une nature indépendante et individualiste, vous vous plaisez ensemble et la vie commune favorisera votre épanouissement. Le nageur respectera la discipline et la force de son partenaire, alors que la personne qui pratique les arts martiaux appréciera la spontanéité et la sensualité du nageur. Vous devriez vous considérer heureux de partager votre vie avec le partenaire idéal.

NATATION/HALTÉROPHILIE   **5**

La relation très romantique qui s'établit entre un nageur et un haltérophile prouve encore une fois que les contraires s'attirent. L'haltérophile est réaliste alors que le nageur est un rêveur et un idéaliste. La discipline à laquelle s'astreint le premier s'opposant à l'hédonisme du nageur, les partenaires pourraient toutefois se heurter, à l'occasion. Pour maintenir l'union au beau fixe, chacun s'efforcera de respecter l'autre en appréciant les traits qui lui sont propres. Le nageur appréciera la détermination de son partenaire pour atteindre ses buts personnels, alors que l'haltérophile pourra apprendre au premier comment savourer chaque moment de la vie.

NATATION/TENNIS-SQUASH   **3**

Vous éprouverez beaucoup de plaisir ensemble en autant que vous sachiez éviter les disputes. Car les malentendus qui surviennent souvent entre vous sont, la plupart du temps, provoqués par le joueur de tennis qui a du mal à accepter l'attitude effacée du nageur. En effet, le joueur de tennis est vif et expéditif et il ne comprend pas l'attitude plus désinvolte du nageur, éprouvant de la frustration devant cet hédoniste qui prône la loi du moindre effort et qui pense d'abord à lui-même. Le nageur ne s'en fait pas pour les autres, ce qui donne parfois à son partenaire l'impression de ne pas être désiré. Le joueur de tennis devra donc trouver des manières de s'y prendre pour gagner l'estime et l'attention du nageur et accepter leurs différences.

NATATION/BALLET-PATINAGE ARTISTIQUE   **6**

Dégageant tous deux une grande sensualité, l'amour de la beauté et le plaisir domineront leur existence. Cependant, le danseur ayant ses dons en haute estime, il souhaitera qu'on lui témoigne beaucoup d'admiration. Par bonheur, le nageur n'est pas du genre à lutter pour le pouvoir et il se moquera éperdument de ne pas avoir le premier rôle. Autre aspect bénéfique: la discipline du danseur s'opposera à la paresse du nageur. Ainsi, quand ce dernier aura tendance à se laisser aller, son partenaire pourra lui communiquer un peu de son ardeur et de sa détermination.

MARCHE/MARCHE   3

Aussi surprenant que ce soit, deux marcheurs ne sont pas nécessairement compatibles. Chacun étant anticonformiste et aimant avancer à son propre rythme, ils ne parviendront pas toujours à s'entendre parfaitement, trop occupés qu'ils sont à vaquer à leurs affaires personnelles. Il vous sera sans doute possible de vivre sans problèmes, mais parallèlement et sans espérer former une équipe capable de réunir vos aspirations et vos talents individuels. En autant que vous puissiez vivre séparément, vous saurez tirer grand profit de vos rencontres.

MARCHE/YOGA   5

Vous n'êtes pas le double de l'autre, ni son contraire, mais vous avez plus d'un point en commun. Le marcheur communique mieux avec le monde extérieur que le yogi. Celui-ci pourra se décourager, au début du moins, se sentant plus à l'aise en limitant ses rapports avec l'extérieur; mais il s'acclimatera peu à peu, réalisant que l'attitude de son partenaire leur assure à tous deux une vie plus équilibrée et plus saine à long terme. Tenant à demeurer vous-même et prônant l'honnêteté de votre rapport vous pouvez aider votre partenaire à se réaliser pleinement sur le plan individuel.

MARCHE/GYMNASTIQUE   2

Vous devez vous montrer prudents, car vous aurez de la difficulté à vous comprendre et à accepter vos différences. Le gymnaste est très conservateur, alors que le marcheur est un individualiste qui ignore les protocoles et qui pourrait bien dédaigner son partenaire à cause de son besoin excessif d'imitation. Il faut cependant reconnaître que vous avez des traits communs et en particulier ce désir de planifier votre vie de façon à la rendre agréable. Vous trouverez le bonheur ensemble si vous misez sur vos qualités et respectez vos différences.

MARCHE/ARTS MARTIAUX   **6**

Vous êtes faits l'un pour l'autre. Dotés d'une nature indépendante et d'un esprit pratique, vous ne voulez pas vivre selon les principes des autres. Vous n'êtes pas intéressé à jouer un rôle et vous appliquez à être vous-même devant votre partenaire, car il vous accepte tel que vous êtes. Le marcheur a tendance à s'enliser dans la routine, mais la personne qui s'adonne aux arts martiaux lui fera partager de nouvelles expériences, l'invitant à relever de nouveaux défis. Votre stabilité vous évitera les amères disputes que connaissent les autres couples.

MARCHE/HALTÉROPHILIE   **4**

Vous éprouverez quelques problèmes en cours de route, mais tout baignera dans l'huile si le marcheur effectue de temps à autre une mise au point. Vous êtes tous les deux indépendants et votre nature volontaire ne permet à personne d'abuser de vous. Tout pourrait cependant se gâter si vos désirs ne concordent pas, vos besoins étant complètement différents. Le marcheur est plus effacé et il préfère vivre de façon organisée, alors que son partenaire est heureux seulement lorsqu'il conquiert de nouveaux horizons. L'haltérophile aspire à la gloire et à la reconnaissance, et cette attitude pourrait fatiguer le marcheur (qui aime vivre sans tambour ni trompette). Cette association sera harmonieuse si le marcheur parvient à flatter suffisamment l'ego de son partenaire, sans espoir, bien sûr, qu'on lui retourne l'encensoir. Il lui faudra également apprivoiser l'inconnu au fur et à mesure qu'il se laissera entraîner derrière son aventureux partenaire.

___

MARCHE/TENNIS-SQUASH   **1**

___

Pas besoin de chercher longtemps vos différences. Le joueur de tennis est agressif, le marcheur, passif. Le premier est placide, et maîtrise bien ses émotions, tandis que le second subit parfois des fluctuations d'humeur. Le joueur de tennis aime la spontanéité, alors que le marcheur est plus disposé à mener une vie organisée et à tout planifier. Sans vous donner pour tâche d'abolir toutes ces différences, vous pourriez tout de même aider votre partenaire à s'interroger sur sa façon de s'exprimer. Au lieu de vous contenter d'être agressif ou, selon votre tempérament, plutôt passif, vous devriez travailler à devenir un peu plus sociables. Après quoi, le marcheur cessera de brider ses émotions et le joueur de tennis tentera de tempérer les siennes. Vous avez ainsi développé la capacité de demeurer calmes devant les événements, ce qui favorisera vos rapports.

___

MARCHE/BALLET-PATINAGE ARTISTIQUE   **3**

___

Ça ne va pas mal, mais vous avez plusieurs défis à relever. Vous êtes assez différents l'un de l'autre et ne pouvez espérer communiquer en profondeur. Le style enjoué, et expressif du danseur contraste avec la réserve et le caractère introverti du marcheur. Ce dernier a de la difficulté à comprendre les besoins de reconnaissance et d'attention de son partenaire, lui-même préférant la solitude et une vie paisible. Au contraire, le danseur va même jusqu'à négliger certains aspects de sa vie quand ils ne suscitent pas l'intérêt général (une attitude qui l'empêche d'être un partenaire sur qui on peut compter). En définitive, vous seuls avez le pouvoir de décider de faire ou de ne pas faire les compromis utiles à votre bonheur.

YOGA/YOGA   6

Vous entretenez une relation qui fait rêver les autres couples. Patient et encourageant l'un envers l'autre, vous avez des buts similaires. Et quand bien même ce ne serait pas le cas, vous acceptez toutes les particularités de votre partenaire. Vous partagez une spiritualité profonde qui vous aide à vous concentrer sur les points importants de la vie et qui donne un sens à vos activités et à vos pensées. Prendre soin l'un de l'autre vous étant naturel, vous n'aurez pas à fournir beaucoup d'efforts pour maintenir l'harmonie. Votre bonheur est assuré pour toujours.

YOGA/GYMNASTIQUE   3

Préparez-vous à des turbulences! Vous êtes tellement différents l'un de l'autre que vous devrez travailler fort pour trouver un terrain d'entente. Le yogi est plus patient et plus ouvert que tous les autres amateurs de sport, mais il peut lui arriver d'accepter difficilement certaines tendances de son partenaire, par exemple, l'agressivité et l'esprit de compétition dont il est lui-même entièrement dépourvu. Pour sa part, le gymnaste ne comprend pas le besoin de réflexion et la sérénité dont témoigne le yogi. Tous deux ont cependant la discipline nécessaire pour que leur union soit une réussite, le respect mutuel y contribuant pour beaucoup. Le gymnaste appréciera la tranquillité du yogi et ce dernier profitera de la sociabilité de son partenaire et de ses compétences pratiques dans la vie de tous les jours.

YOGA/ARTS MARTIAUX   6

Un duo formé de conjoints qui pratiquent le yoga d'un côté, et de l'autre, les arts martiaux, est une formule gagnante! Malgré de légères différences entre eux, ils s'accordent sur les questions importantes de leur vie. Chacun désirant s'épanouir en tant qu'individu, ils sont en mesure d'aider l'autre à y parvenir. La force intérieure du yogi et l'assurance de l'adepte des arts martiaux étant des sources d'admiration mutuelle, la relation s'établira sur une base solide et permanente.

YOGA/HALTÉROPHILIE   2

Vous n'êtes pas tout à fait incompatibles, mais attendez-vous à avoir des malentendus. En dépit du fait que vous soyez tous deux débordants de ressources et déterminés à atteindre vos buts, votre façon de procéder est radicalement différente. Le yogi se froissera parfois devant l'assurance de l'haltérophile. Il pourra aussi avoir de la difficulté à accepter le narcissisme de son partenaire, préférant adopter lui-même une attitude plus modeste. D'un autre côté, l'haltérophile pourra s'irriter de la tendance de son partenaire à minimiser l'importance de ses émotions. Ménagez-vous de nombreuses occasions de communiquer, ce qui vous permettra de parler de vos différences et de résoudre vos conflits. Sinon votre relation risque de se terminer assez rapidement.

YOGA/TENNIS-SQUASH   1

Vous ne devriez pas être surpris de constater que vous êtes différents sur le plan du caractère, des intérêts et des valeurs. Le joueur de tennis sera toujours heureux en société, alors que son partenaire préférera s'isoler ou partager son intimité avec un proche. En outre, l'esprit de compétition du premier ne concordera pas avec la philosophie du yogi qui jouit d'une plus grande stabilité émotive. Il serait donc très bénéfique pour le yogi d'affronter le monde extérieur, au lieu de le fuir et, pour le joueur de tennis, de s'adonner à la réflexion au lieu de toujours vouloir se prouver quelque chose.

YOGA/BALLET-PATINAGE ARTISTIQUE   6

Bien que vous ayez en commun plusieurs traits de personnalité, vous partagez également assez de différences vous permettant d'apprécier l'originalité de votre relation. Même si le danseur
veut être le centre d'attraction, cela ne constitue pas un problème
puisque le yogi ne se soucie pas de rester dans l'ombre, laissant la
vedette à son partenaire. Les buts matériels ne vous séduisent ni
l'un ni l'autre, car vous avez des aspirations plus élevées. Le yogi
accorde plus d'importance aux valeurs spirituelles que le danseur,
pour sa part plus extraverti et plus expressif. Cependant, vous
êtes tous les deux bien dans votre peau; sachant ce que vous
valez, vous faites montre d'une belle assurance. Ensemble vous
mènerez une vie heureuse et enrichissante.

GYMNASTIQUE/GYMNASTIQUE   4

Vous êtes des oiseaux de la même espèce, mais ça ne veut
pas dire que vous logerez dans le même nid. Vous êtes sociables
et appréciez la compagnie des gens. Cela vous promet une vie
mondaine formidable à condition de pouvoir partager vos amitiés. Or ayant tous les deux l'esprit de compétition, lorsque l'un
de vous obtient quelque chose, l'autre considère qu'il devrait avoir
sa part. Vous aimez dominer et détestez faire des compromis.
Toutefois il est possible d'apprendre à cohabiter de façon harmonieuse puisque vous disposez de l'énergie et de la discipline
nécessaires pour y arriver. Organisez-vous pour passer au moins
une soirée à la maison, simplement pour discuter en privé de vos
vies et de vos projets. Veillez à demeurer ouvert aux besoins de
votre partenaire et à ses désirs afin d'élaborer les stratégies visant
à l'unité de votre couple.

GYMNASTIQUE/ARTS MARTIAUX 5

Vous détenez la formule gagnante. Il existe des différences entre vous, mais les choses s'équilibrent de façon à ce que vous puissiez former un couple harmonieux. Chacun respecte les talents de l'autre, soit la force et le pragmatisme de l'adepte des arts martiaux, ou l'énergie et la détermination du gymnaste. Tous deux savent comment écarter les émotions négatives et réussissent généralement à éviter le genre de disputes qui affligent les autres couples. Toutefois, la personne qui s'adonne aux arts martiaux est extrêmement indépendante et pourrait se sentir étouffée par le flot d'admirateurs sur lesquels compte le gymnaste pour obtenir des encouragements. En conséquence, vous feriez bien de ne pas compter exclusivement sur votre partenaire pour enrichir votre vie sociale.

GYMNASTIQUE/HALTÉROPHILIE 5

Vous formez un duo dynamique. En dépit de votre bel esprit de compétition, vous nourrissez suffisamment de respect envers votre partenaire pour l'aider à réaliser ses ambitions. Malheureusement, le surmenage vous guette à force d'accomplir autant de projets, et il est fort possible que le stress s'empare de l'un d'entre vous si vous n'y prenez garde. Puisqu'il n'est pas toujours facile de vous détendre, accordez-vous des moments de repos ensemble.

GYMNASTIQUE/TENNIS-SQUASH 4

Il ne serait pas étonnant que vous soyez un couple très populaire, car vous êtes des individus brillants, énergiques et sociables. Toutes vos activités communes pourraient toutefois vous empêcher de communiquer convenablement ensemble au point de compromettre votre union. D'autre part, surveillez également vos pulsions agressives (ceci s'applique aux deux partenaires), l'agressivité mal canalisée étant dévastatrice. En prenant soin de vous servir de votre flair, vous apprendrez néanmoins à être doux et attentifs. Vous aurez probablement toujours quelque détail à régler en cours de route, mais il y aura certainement plus de moments heureux dans votre vie commune que de contrariétés.

GYMNASTIQUE/   **5**
BALLET-PATINAGE ARTISTIQUE

En dépit de vos caractères différents, vous pouvez avoir une relation heureuse. La fierté du danseur et son égotisme ne constituent pas vraiment un problème; s'il veut avoir la vedette, le gymnaste sera parfaitement heureux de combler ce vœu. Non pas parce qu'il est dénué d'esprit de compétition, mais parce qu'il est plus intéressé à dépasser ses propres limites. Sachant lui aussi ce que signifie l'effort de faire de son mieux, le danseur ne contreviendra pas au projet de son partenaire. D'autres couples mieux assortis pourront jouir d'une meilleure communication et de plus de chaleur dans leur relation, mais vous serez heureux de former une équipe productive capable de s'épanouir dans tous les sens du mot.

ARTS MARTIAUX/ARTS MARTIAUX   **6**

Certaines personnes s'étonneront de voir que vous vous accordez en dépit de vos fortes personnalités. Mais tout ira bien sans que l'un d'entre vous ne se sente obligé de tenir les rênes. S'il vous est généralement agréable de jouer le rôle du meneur, vous n'en abusez pas, plutôt satisfait de vous considérer l'égal de votre partenaire. Chacun se plaît à faire montre d'indépendance, tout en appréciant la compagnie de l'autre. Ensemble vous obtiendrez tout ce que vous désirez... une carrière dynamique, des loisirs, une vie sociale active, et une histoire d'amour des plus enviables.

ARTS MARTIAUX/HALTÉROPHILIE	6

Vous vous entendez bien en général. Vous êtes tous les deux disciplinés et sociables, intéressés à relever de nouveaux défis et à développer vos capacités et vos talents. Les luttes pour le pouvoir surgiront inévitablement entre vous puisque vous êtes des êtres forts et autoritaires. Vous aurez besoin d'identifier vos points sensibles afin de savoir comment réagir devant les événements susceptibles de compromettre une union qui a tout pour être heureuse. Ménagez-vous des occasions pour prendre des initiatives, vous assurant que votre partenaire, aussi bien que vous, puisse émettre son opinion. Misez sur vos intérêts communs pour créer le mode de vie auquel vous aspirez.

ARTS MARTIAUX/TENNIS-SQUASH	5

Vous êtes des personnes dynamiques et indépendantes, prêtes à déployer les efforts nécessaires pour obtenir ce que vous désirez, encourageant l'autre à réaliser ses rêves et ses ambitions. Des frictions pourront surgir à l'occasion en raison de l'agressivité et de l'impatience du joueur de tennis qui ne sait pas toujours comment canaliser son énergie. Cependant, la personne qui s'adonne aux arts martiaux tente habituellement de passer outre, préférant miser sur l'amour qu'elle lui porte pour amadouer le joueur de tennis. Si vous êtes tous les deux déterminés à maintenir votre relation, malgré ses aspects abrupts et quelque peu repoussants, vous demeurerez probablement ensemble longtemps.

ARTS MARTIAUX/ BALLET-PATINAGE ARTISTIQUE	6

Vous êtes très compatibles. Vous vous connaissez bien individuellement et cela vous donne de l'assurance même si vous ne vous contentez pas de vous asseoir sur vos lauriers. Vous ferez bien d'explorer et de saisir les occasions de vous épanouir, car vous aspirez à atteindre votre plein potentiel sans jamais entraver la croissance de l'autre. D'un naturel sociable, le danseur est doué d'un grand sens de la communication qui l'aidera à débarrasser son partenaire de sa tendance à se replier sur lui-même. Par ailleurs, l'adepte des arts martiaux tolère bien l'égotisme du danseur, ne cherchant pas à rivaliser avec lui. Grâce à sa tolérance, les disputes n'éclateront pas souvent entre vous. Si des éclats surviennent à l'occasion, la rationnalité de la personne qui s'adonne aux arts martiaux et son sens de la justice vous permettront de régler les choses en douceur.

HALTÉROPHILIE/HALTÉROPHILIE   5

D'autres préféreraient sans doute une relation plus tranquille, mais le style de vie que vous avez choisi vous convient vraiment. Étant tous deux extrêmement sociables, vous n'êtes jamais intimidé par l'autre et n'hésitez pas à poursuivre les objectifs que vous vous êtes fixés. Vous exprimez sans détours vos attentes et vous êtes suffisamment endurcis pour ne pas en faire tout un plat s'il vous arrive de vous marcher sur les pieds. Vous êtes parfois narcissiques mais l'admiration que vous vous témoignez mutuellement vous empêche de vous replier sur vous-mêmes. Comme vous êtes tous les deux très disciplinés, vous réaliserez vos ambitions.

HALTÉROPHILIE/TENNIS-SQUASH   6

Vous formez un duo sympathique. Aussi actifs l'un que l'autre, vous vous engagez à fond dans tout ce que vous entreprenez. Une fois que vous avez décidé de choisir un partenaire, vous consacrez toute votre énergie à parfaire votre relation. Et comme vous ne vous découragez pas facilement, vous n'abandonnerez jamais la partie, même si vous subissez quelques revers, car vous avez suffisamment d'élan pour réussir. Le joueur de tennis se préoccupe davantage d'œuvrer dans le monde des affaires, alors que l'haltérophile relève des défis personnels (comme accroître sa force physique ou mentale). Vous vous complétez donc d'une façon qui vous assure l'abondance et la plénitude.

HALTÉROPHILIE/BALLET-PATINAGE ARTISTIQUE	3

Vous avez fréquemment besoin d'aide, votre propension à vous occuper de vous-même vous empêchant de prendre soin de votre partenaire. Ayant l'habitude de fixer votre intérêt sur votre propre personne, vous n'êtes pas prêt à faire le moindre sacrifice pour l'amour de votre partenaire. Pourtant, lorsque vous désirez la même chose, vous formez un duo dynamique. Mais dès que vous caressez des projets différents (c'est souvent le cas) chacun peut manquer de courtoisie pour arriver à ses fins au point de devenir l'adversaire de l'autre. Votre relation réussira seulement si vous apprenez à agir équitablement et en tenant compte des sentiments de votre partenaire.

TENNIS-SQUASH/TENNIS-SQUASH	2

Le fait que vous vous ressembliez comme deux gouttes d'eau peut précisément miner votre relation, car vous êtes tous deux tendus et très agressifs. Évidemment, vous auriez toujours le même caractère si vous étiez avec un autre partenaire, mais la présence du joueur de tennis ne fait qu'accentuer ce côté de votre personnalité. Vous avez l'esprit de compétition et ne permettez pas à l'autre d'avoir le dessus. Au contraire, vous voulez toujours être le gagnant, que vous agissiez individuellement et en couple. Cela a certainement ses avantages puisque, défiant l'autre, vous le poussez ainsi à essayer d'atteindre l'excellence. Votre impatience suscite toutefois des crises de rage extrêmement menaçantes pour votre association. Efforcez-vous d'apprendre à vous dominer et vous serez heureux ensemble.

TENNIS-SQUASH/BALLET-PATINAGE ARTISTIQUE	6

Cette union réserve de belles surprises et un grand nombre de défis. La spontanéité du joueur de tennis complète agréablement la nature plus réservée du danseur. Le joueur de tennis fait languir ce dernier en lui laissant le soin de deviner ses projets tandis que le danseur aide son partenaire à ne pas céder à l'impulsivité. Bien que le joueur de tennis se montre souvent agressif et autoritaire, le danseur n'en fait pas grand cas, sachant mieux que quiconque comment se comporter avec lui. Alors que le joueur de tennis a tendance à n'avoir qu'un seul but dans la vie, les multiples facettes de la personnalité du danseur favoriseront l'équilibre du couple leur ménageant à tous deux beaucoup de plaisir.

BALLET-PATINAGE ARTISTIQUE/ BALLET-PATINAGE ARTISTIQUE	1

Votre vie commune sera très pénible à moins que chacun de vous ne réussisse à tempérer son égotisme, les danseurs ou les patineurs éprouvant un besoin excessif d'attention et d'admiration. Étant tous deux trop occupés à s'encourager eux-mêmes, ils s'impatienteront de ne pas obtenir un minimum d'attention de la part de leur partenaire. La rivalité s'installera bientôt entre eux et ils devront user de détours qui mineront peu à peu leur relation. Puisque vous avez plusieurs attraits à partager (un sens aigu de la beauté, une nature sensuelle, et des talents de communicateur), efforcez-vous de mettre votre ego en veilleuse afin de jouir de la vie ensemble.

CHAPITRE 8

Votre animal préféré

D'après des recherches effectuées en psychologie, l'animal que vous préférez révélerait un des traits de votre personnalité. Par exemple, une personne qui choisit d'avoir un chat a un caractère différent de celle qui possède un chien. Ces choix peuvent donc fournir un indice intéressant sur votre degré de compatibilité.

Comparez vos préférences et lisez la description du profil correspondant. L'animal que vous possédez actuellement (ou que vous avez déjà eu) n'est pas nécessairement celui que vous préférez. Vous avez peut-être hérité d'un chat alors que vous aimez mieux les chiens, ou vous avez choisi un poisson parce que votre médecin vous a mis en garde contre les allergies que pourraient provoquer d'autres animaux, des oiseaux, par exemple. Indiquez le type d'animal que vous aimeriez avoir si vous étiez libre d'en choisir un sans tenir compte de certaines contraintes (le goût de votre partenaire, l'espace, le temps, les allergies, etc.). La catégorie des «rongeurs» inclut les souris, hamster, furet, cochon d'Inde, etc., alors que la catégorie appelée «autres» regroupe toutes les autres espèces d'animaux (serpent, lézard, lama, singe, kangourou, etc.).

Personne 1	Animal	Personne 2
————————	Chat	————————
————————	Chien	————————
————————	Oiseau	————————
————————	Poisson	————————
————————	Tortue	————————
————————	Rongeur	————————
————————	Autres	————————

CHAT/CHAT   **4**

Vous garderez une certaine distance entre vous. Non pas parce que vous ne vous souciez pas de votre partenaire ou parce que vous ne partagez pas ses goûts, car vous avez beaucoup d'affinités en commun. Toutefois, vous êtes tous les deux dotés d'une nature indépendante. Efforcez-vous de communiquer et de passer plus de temps ensemble afin de ne pas finir par vivre comme des étrangers plutôt que comme des amants.

CHAT/CHIEN   **3**

Votre relation a une chance sur deux de réussir. Vous pouvez vous entendre à merveille car vous avez les qualités qui manquent à votre partenaire (le propriétaire d'un chien apporte un brin de tendresse à celui qui possède un chat et celui-ci aide le premier à accroître sa confiance en lui-même), ou vous vous disputerez constamment parce que vous êtes trop différents. Cela dépend beaucoup du chien. Le chat est d'une nature assez stable alors que les états d'âme du chien peuvent souvent fluctuer, passant subitement de l'amitié à l'hostilité, ou de la passivité à l'agressivité. Si ce dernier réussit à contrôler ses impulsions négatives, l'avenir de votre association est prometteur.

CHAT/OISEAU 2

Vous éprouvez le besoin de rencontrer des gens différents et cela peut constituer une source de conflits entre vous. Le propriétaire d'un oiseau est un être sociable; il aime la promiscuité. Cela ne convient pas à la nature indépendante du chat, qui se sentira étouffé par l'oiseau et par ses besoins intempestifs de communication verbale. Votre association s'épanouira seulement si l'oiseau consent à trouver d'autres personnes avec qui converser quand le chat a besoin d'être seul.

CHAT/POISSON 2

Bien que le chat ne veuille pas d'un partenaire exigeant, il souhaite tout de même se lier avec un être plus communicatif que le poisson. Il est vrai que le chat et le poisson partagent le désir de mener une vie active et stimulante. Mais le chat a aussi besoin d'une présence chaleureuse (car cette qualité lui fait défaut). Le poisson ne témoignera jamais vraiment d'affection au chat et, de ce fait, celui-ci se sentira vaguement insatisfait de leurs rapports. Pour votre bonheur, et celui de votre partenaire, vous devriez faire l'effort de vous montrer plus affectueux (particulièrement le poisson).

CHAT/TORTUE 2

Vous ne vous disputerez pas aussi souvent que les autres couples, mais vous trouverez que votre association ne vous apporte pas grand-chose. La nature prudente de la tortue ne fera pas le bonheur du chat qui se sentira ralenti par cette dernière. Le propriétaire d'une tortue sera déconcerté par l'esprit d'aventure du chat, car la tortue préfère la routine. À moins que vous ne fassiez un compromis, vous risquez de vous fréquenter de moins en moins souvent.

CHAT/RONGEUR   6

Vous mènerez une vie merveilleuse ensemble, sans jamais en demander trop à l'autre; vous vous efforcerez de profiter de la vie autant que possible aussi bien ensemble que séparément. Vous n'êtes ni l'un ni l'autre des pantouflards et vous aimez explorer le monde et en apprécier les richesses. Ensemble vous mènerez une vie pleine d'action, selon le vœu de chacun.

CHAT/AUTRE   4

Le chat pourra être intrigué par un autre animal. Il aime la nouveauté et l'aventure autant que son partenaire. Même si l'audace est toujours un élément excitant au sein d'un couple, vous devrez faire preuve de courtoisie et respecter vos différences. Bien que le chat soit indépendant, il a besoin qu'on lui témoigne de l'affection. Le propriétaire d'un autre animal n'étant pas très prodigue dans ce domaine, le chat devra l'accepter tel qu'il est et miser sur les aspects positifs de leur ménage. Ou encore, se trouver un autre partenaire!

CHIEN/CHIEN   4

Vos rapports seront la plupart du temps chaleureux et tendres. Vous vous encouragerez à réaliser vos rêves et vos aspirations et ferez de votre mieux pour aider votre conjoint. Seul élément négatif: votre côté mélancolique risque de vous perturber, occasionnant des sautes d'humeur, car vous êtes enclins à réagir promptement. Si vous essayez d'éviter de vous heurter, vous serez très heureux ensemble.

CHIEN/OISEAU 6

Vous êtes extrêmement compatibles. L'oiseau ne s'intéresse pas aux jeux de pouvoir et il sera très heureux de confier les rênes au chien. L'oiseau voulant simplement mener une vie tranquille à la maison en compagnie d'un partenaire conciliant, le chien tiendra ce rôle avec plaisir, appréciant la présence de l'oiseau pour la joie qu'il apporte dans sa vie.

CHIEN/POISSON 1

Les malentendus surviendront rapidement entre vous. Le chien perçoit la froideur du poisson comme de l'insouciance ou de l'égoïsme. En retour, le poisson trouve que le chien exige trop d'attention et de temps. La communication est essentielle entre vous. En exprimant vos sentiments et en discutant de vos préoccupations, le chien apprendra que le poisson éprouve de l'affection pour lui même s'il est d'une nature réservée. Le poisson pourra aussi exprimer son opinion s'il trouve que le chien devient trop possessif.

CHIEN/TORTUE 6

Vous vous complétez parfaitement. Le chien apprécie la stabilité de la tortue, estimant qu'il peut compter sur elle. La stabilité émotive de la tortue est en effet un excellent remède contre ses fluctuations d'humeur. D'autre part, la tortue profitera de la témérité du chien qui la préservera de l'isolement et l'incitera à s'engager davantage dans leur vie sociale. Votre relation prouve vraiment que les contraires s'attirent... tout en se complétant.

CHIEN/RONGEUR   5

Vous n'avez pas beaucoup de points communs, mais vous vous respectez mutuellement. Vous mènerez une belle vie ensemble, remplie d'activités intéressantes. Le rongeur aime bouger et cela empêche le chien de devenir trop sédentaire. D'autre part, le rongeur ne se disperse pas inutilement en présence du chien. En vous aidant mutuellement, vous établirez une relation équilibrée et jouirez d'une vie agréable.

CHIEN/AUTRE   2

Votre association aura sa part de problèmes. Le chien a assez confiance en lui-même pour ne pas se sentir menacé par le besoin de nouvelles sensations qu'éprouve un autre animal, mais il souhaite se rapprocher de lui. Au contraire, son partenaire aime l'aventure et il ne veut pas s'attacher. Toutefois, si vous vous organisez pour que le chien ait un réseau d'amis et une famille lui fournissant le support émotif dont il a besoin, vous vivrez heureux.

OISEAU/OISEAU   4

La joie règne entre vous. Vous êtes tous les deux sociables et, chacun aimant discuter, vous vous sentez comblés. Ni l'un ni l'autre ne se tourmente inutilement, car il préfère regarder le côté positif des choses. En conséquence, la mélancolie ne s'installera pas entre vous. Sachez toutefois demeurer à l'écoute de votre partenaire et évitez de forcer sa conversation. N'oubliez pas que vous avez tendance à parler plutôt qu'à agir. Alors cessez de discuter et agissez!

OISEAU/POISSON 2

Vous éprouvez tous deux des besoins que chacun est en mesure de satisfaire. Le poisson veut la liberté totale afin de mener une vie active et agréable tandis que l'oiseau veut la sécurité et la stabilité. L'oiseau ayant continuellement besoin de compagnie, il pourra se vexer de voir que le poisson, de peur de s'attacher, refuse de passer tous ses moments avec lui. Veillez à bien communiquer ensemble et à faire des compromis.

OISEAU/TORTUE 5

Ni l'un ni l'autre n'êtes très passionné ou démonstratif, mais cela ne vous empêche pas d'avoir de bons rapports. L'oiseau est plus généreux sur le plan affectif, mais la tortue sait tirer profit de ses bons côtés. Par exemple, elle aidera l'oiseau à se concentrer plutôt que de perdre son énergie dans plusieurs projets. Vous apprécierez les qualités de votre partenaire (l'oiseau voit les choses d'un œil positif, et il a le don de communiquer; la tortue est stable et déterminée). La tendresse et l'affection domineront votre relation.

OISEAU/RONGEUR 6

Aucun problème à l'horizon! Vous êtes faits l'un pour l'autre. Vous avez tous les deux l'esprit vif et le sens de la repartie. Vous avez l'art de vous amuser et ne ratez jamais une partie de plaisirs. Le rongeur n'est pas seulement un hédoniste, il se montre vaillant au travail et déterminé à faire le nécessaire pour atteindre ses buts. C'est un excellent partenaire pour l'oiseau, car il l'aidera à ne pas se consacrer uniquement au plaisir.

OISEAU/AUTRE   1

Plusieurs conflits risquent de survenir parce que vos opinions au sujet de la stabilité diffèrent totalement. L'oiseau exigeant une union marquée par la stabilité, son partenaire pourra se sentir étouffé par son besoin excessif de sécurité. En outre, l'oiseau parle beaucoup et son bavardage pourrait devenir aussi lassant que sa réserve à lui paraît irritante. L'oiseau accordera donc plus de liberté à son partenaire et formera son cercle d'amis hors du nid familial.

POISSON/POISSON   5

Bien que vous formiez un duo moins tendre que certains autres, vous menez la vie qui vous convient. Vous êtes déterminés et ne vous gênez pas pour combler vos désirs, n'hésitant pas à satisfaire vos propres besoins avant ceux de votre partenaire. Heureusement, vous aimez tous deux goûter aux plaisirs de l'amour. Et parce que vous n'aimez pas le travail forcené, vous songez d'abord et avant tout à vous amuser au lieu de vous fixer des objectifs plus concrets. Tout le monde ne saurait vivre avec une telle insouciance mais, à défaut de grandes réussites matérielles, vous savourerez chaque moment que vous passerez ensemble.

POISSON/TORTUE   6

Vous vous complétez grâce à vos différences. La tortue sera parfaitement heureuse de mettre au point les petits détails de la vie quotidienne du poisson et de s'assurer que le travail avance. Le poisson est aussi productif que la tortue, mais il sait rendre les choses plus amusantes. Sans sa sensualité et son humour, la tortue n'éprouverait pas beaucoup de joie dans la vie. En compagnie du poisson, elle apprendra à équilibrer son temps entre le travail et le jeu, le devoir et le plaisir.

POISSON/RONGEUR   6

Vous vous ressemblez beaucoup, mais ce sont vos différences qui mettront du piquant dans votre relation. Vous mènerez une vie active car vous aimez tous les deux bouger et détestez vous ennuyer. Le poisson apporte une touche de sensualité dans sa relation et invite le rongeur à apprécier les plaisirs de la vie quotidienne, au lieu de lui imposer un rythme effréné peu propice au bonheur. Le rongeur aidera le poisson à devenir plus pragmatique. En unissant vos forces, vous réussirez à accomplir plusieurs projets tout en vous accordant beaucoup de plaisir.

POISSON/AUTRE   5

Vous êtes déterminés à obtenir ce que vous désirez. Il existe des couples plus romantiques, plus chaleureux ou plus tendres que le vôtre, mais vous serez heureux ensemble car vous aimez tous deux vivre librement, sans avoir à vous préoccuper de votre partenaire. Les autres pourront dire ce qu'ils voudront, vous vous passerez de leur approbation. Appréciant tous deux les expériences stimulantes (le propriétaire d'un autre animal aime particulièrement goûter à de nouvelles sensations), vous passerez d'agréables moments dans votre quête d'aventures et de plaisirs.

TORTUE/TORTUE   6

Bien que votre association soit peu excitante, cela ne vous embête pas le moins du monde. En fait, vous seriez plutôt importuné par un partenaire aux idées fantaisistes ou qui serait sujet à de fréquentes sautes d'humeur. Vous préférez au contraire la compagnie d'une personne ayant un caractère similaire au vôtre. Vous êtes tous les deux déterminées à faire ce qui doit être fait de façon efficace et ordonnée. La stabilité et la loyauté sont les qualités que vous recherchez dans une association et ce sont précisément celles dont votre partenaire est pourvu.

TORTUE/RONGEUR   3

Vous aurez de la difficulté à conjuguer vos efforts pour atteindre les buts personnels que vous vous êtes fixés. Vous êtes tous les deux très ambitieux mais de façon complètement différente. La tortue étant extrêmement méthodique, elle aime procéder par étapes et terminer ce qu'elle a commencé avant de passer à autre chose. Le rongeur n'a pas cette patience et il a tendance à tout précipiter, s'engageant dans toutes sortes de projets aléatoires. Évitez de relever ensemble des défis importants (rénover une maison, par exemple) si vous ne voulez pas subir plusieurs désagréments. Vous êtes suffisamment stables pour vous ménager une vie bien remplie.

TORTUE/AUTRE   1

Vous avez des points de vue opposés sur la question de l'engagement. Étant donné que l'autre animal est continuellement séduit par l'attrait de la nouveauté, il se lassera vite de tout, y compris de son partenaire. La tortue qui recherche désespérément un compagnon pour toute la vie sera naturellement affectée par les infidélités de son partenaire et par sa fascination pour le changement.

Si votre association vous tient à cœur, vous devrez essayer de faire concorder vos points de vue. La tortue s'ouvrira aux nouvelles expériences afin que son conjoint ne sombre pas dans l'ennui tandis que ce dernier respectera la tortue dans ces besoins de sécurité, s'efforçant de lui donner des preuves de son attachement.

RONGEUR/RONGEUR 5

Vous êtes si manifestement remplis d'énergie que les autres couples ont l'air paresseux à côté de vous. Vous avez la bougeotte, vous ne causez pas beaucoup ensemble, mais vous vous sentez proches l'un de l'autre parce que vous partagez une foule d'activités intéressantes. N'oubliez pas cependant que des gens aussi énergiques pourraient également s'épuiser. Accordez-vous donc des moments de repos et apprenez à vous détendre ensemble en fixant des limites à vos activités communes. Il est impossible de poursuivre un rythme aussi frénétique sans vous accorder une pause. Que l'un d'entre vous s'épuise et c'en est fini de votre relation... Alors essayez de planifier une vie un peu plus équilibrée.

RONGEUR/AUTRE 4

Vous vous heurterez souvent, mais vous vous plairez ensemble. Vous aimez tous les deux relever des défis en vous consacrant à des activités qui absorbent complètement votre attention. N'ayant ni l'un ni l'autre de goût pour le sentimentalisme, vous considérez votre relation comme une simple association. Cependant, vous montrant parfois têtus et butés, vous ne devriez pas vous étonner que des problèmes surgissent lorsque vous ne désirez pas la même chose et quand vous insistez pour que l'autre partage votre point de vue. Il n'y a pas grand moyen de remédier à la situation, car vous êtes dotés de fortes personnalités. Acceptez donc les inévitables prises de bec et arrêtez-vous aux aspects positifs de votre partenaire.

AUTRE/AUTRE 3

Ce genre d'union ne promet pas une grande stabilité, car vous êtes tous deux trop impulsifs pour demeurer indifférents lorsque les choses s'enveniment. Vous tolérez difficilement l'ennui et vous cédez facilement à la tentation de vous chercher un nouveau partenaire. Il vous serait certainement bénéfique de lutter contre votre tendance à fuir continuellement l'ennui dans une nouvelle relation. Si vous parvenez à entretenir la petite flamme de l'excitation entre vous, vous filerez le parfait bonheur.

CHAPITRE 9

Décoration

À moins que vous ayez hérité d'un mobilier qui vous déplaît ou que vous n'ayez pas les moyens financiers de décorer votre maison à votre goût, votre foyer reflète probablement un style de décoration que vous affectionnez, qu'il soit moderne, traditionnel, oriental, anglais, ou américain. La disposition de vos meubles et l'aménagement de votre foyer ne sont pas le fruit du hasard, mais témoignent plutôt de votre souci de créer une ambiance particulière. Tôt dans la vie, on s'identifie à un décor et les goûts continuent d'évoluer ensuite. Votre préférence pour un style révèle votre personnalité, aussi doit-on en tenir compte quand il s'agit de savoir si deux partenaires peuvent parvenir à se compléter.

Lisez tous deux les descriptions suivantes et choisissez le style qui vous plaît le plus. Comparez vos choix et voyez si vos goûts personnels s'harmonisent avec ceux de votre partenaire.

Styles

Moderne

Meubles scandinaves, mobilier en tek, appareil de haute technologie. Métaux, chrome et verre, meubles laminés, chaises et sofas asymétriques, coussins. Tons organiques, brun, ocre et rouille; imprimés aux couleurs vives.

Traditionnel

Antiquités; satin, brocard et tweed. Tons pastel. Meubles en bois; mobilier lourd, en noyer et en merisier. Accessoires fonctionnels et décoratifs.

Oriental

Meubles laqués. Paravent en papier peint, en osier ou en bambou. Tons de rouge et noir. Soieries brillantes. Objets japonais ou chinois.

Anglais

Rideaux fleuris, sofas et fauteuils rembourrés. Petitpoint, scènes de chasse, portraits anciens, arrangements floraux, collections d'objets et de livres.

Américain

Mobilier en pin et en chêne, objets faits à la main, courtepointe, chaise berçante, rideaux de calicot, motifs d'animaux (canard, cochon), de fleurs ou de coquillages.

Personne 1	Décor	Personne 2
————	Moderne	————
————	Traditionnel	————
————	Oriental	————
————	Anglais	————
————	Américain	————

MODERNE/MODERNE 4

Vous mènerez une vie excitante parce que vous êtes tous les deux fascinés par la nouveauté. Et puisque vous ne redoutez pas l'inconnu, votre relation, continuellement marquée par les influences extérieures, ne s'essoufflera jamais. Car d'une année à l'autre, vos goûts changeront et tout y passera: amis, vêtements, cuisine, musique. Même si vous n'avez pas tout à fait la même philosophie ou les mêmes buts, une chose demeurera constante: le raffinement que vous apporterez à tout ce que vous faites. Cependant, n'étant ni très affectueux ni très sentimentaux, il vous sera facile de vous détacher émotivement l'un de l'autre. Essayez de prévoir du temps libre afin de ne pas vous perdre de vue et donnez-vous l'occasion de vous témoigner des preuves de votre attachement mutuel.

MODERNE/TRADITIONNEL 1

Vous n'avez rien en commun. Le traditionnel se sent à l'aise à condition d'être dans un cadre familier, entouré de gens qu'il connaît. Alors qu'il est fortement enraciné dans le passé, le moderne rêve de nouvelles expériences et s'intéresse au futur. La famille ne signifie pas grand-chose pour lui alors qu'elle tient une place importante dans la vie du traditionnel. En conséquence, vous vous efforcerez de marier vos caractères uniques. Le moderne rassurera son partenaire et s'engagera plus sérieusement auprès de lui tandis que celui-ci se montrera plus réceptif aux changements lui permettant de demeurer innovateur et créatif.

MODERNE/ORIENTAL 4

Raffinés et cultivés, vous aspirez à une vie plus satisfaisante que l'existence semée de trivialités dont se contentent bien des gens. Vous n'avez toutefois pas la même définition du bonheur.

Le moderne veut vivre dans le confort et l'élégance, et sur un mode animé, alors que l'oriental recherche une vie simple et équilibrée, peuplée de grâce et de sérénité. Il est probable que ce dernier, occupé à chercher le côté authentique des choses, trouvera le moderne superficiel et matérialiste. Il pourra donc vous arriver de ne pas être d'accord, même sur des questions fondamentales, car ce qui plaira à l'un plaira rarement à l'autre. Cependant, si vous pouvez apprendre à faire des compromis et à marier vos styles, votre association sera marquée par l'originalité.

MODERNE/ANGLAIS   **2**

Il vous est facile de vivre séparément parce que vous êtes très différents. Le partenaire qui aime le style anglais se montre chaleureux envers les gens, une disposition étrangère au moderne. L'émule du style anglais trouve du plaisir à passer des soirées à discuter dans l'intimité avec des amis ou en petits groupes, alors que le moderne juge ces réunions ennuyeuses préférant des rencontres plus officielles et qui réunissent un grand nombre d'invités. Afin d'éviter de vous écarter l'un de l'autre, vous devrez modifier certaines de vos attitudes. Le moderne deviendra plus communicatif, alors que son partenaire s'efforcera d'être plus spontané. Quant à votre vie sociale, l'adepte du style anglais devra élargir ses horizons en fréquentant plus souvent des gens qu'il ne connaît pas, et le moderne développera des liens amicaux plus profonds. De tels compromis rehausseront la qualité de votre communication.

MODERNE/AMÉRICAIN   **1**

N'ayant presque rien en commun, vous perdriez temps et énergie à essayer de vous comprendre. Dans une ambiance dénuée de tolérance et de respect, le moderne considérera la naïveté de son partenaire comme un manque de raffinement. Très préoccupé par les apparences, le moderne sera déconcerté par l'absence d'artifice de son partenaire et par son peu d'intérêt pour le vernis social. Si vous ne communiquez pas suffisamment, la personne qui aime le style américain trouvera que le moderne est un être prétentieux, froid et insouciant. Efforcez-vous d'apprécier les goûts de l'autre si vous désirez une union harmonieuse.

TRADITIONNEL/TRADITIONNEL   5

Entre deux traditionnels, les rapports sont assurément tendres. Extrêmement loyal l'un envers l'autre, vous n'abandonnez pas la partie même en temps difficile. Les rituels et les traditions vous tiennent à cœur. Appréciant l'authenticité de votre partenaire, il ne fait aucun doute que vous êtes plus à l'aise avec lui qu'avec qui que ce soit. Malheureusement, le fait d'être ensemble accentue votre réticence à explorer l'inconnu. Vous n'osez pas, et cela vous empêche de vous épanouir, aussi bien ensemble que séparément. Si cette vie ne vous satisfait pas et que l'un d'entre vous s'essouffle, vous devriez chercher l'aide d'un conseiller avisé qui pourrait vous aider à sortir de l'ornière.

TRADITIONNEL/ORIENTAL   4

Vous vous entendrez bien en général, recherchant tous deux le plaisir que procure la paix. Vous ne cherchez pas à impressionner les autres, car vous savez ce que vous valez. Chacun respecte les traditions, mais l'oriental aimant explorer l'inconnu, il élargira l'horizon du traditionnel. Votre relation ne devrait pas subir de perturbations à moins que le traditionnel ne succombe à ses instincts matérialistes. À l'inverse, plus engagé dans une voie spirituelle, l'oriental acceptera difficilement la propension de son partenaire à accumuler des biens. Si vous apprenez à accepter inconditionnellement le style de l'autre, vous devriez avoir une vie enrichissante.

TRADITIONNEL/ANGLAIS   6

Vous jouirez d'une vie calme et ordonnée. Vous aimez être entourés de votre famille et de vos amis, car vous accordez de l'importance à vos origines. Chacun est en outre rassuré par l'importance de la routine dans son quotidien. Alors que d'autres couples trouveraient ce genre vie étouffant, vous en appréciez le confort tranquille. Les gens qui vous connaissent peu penseront que vous êtes très conformistes, s'inspirant de l'image que vous projetez en public. Dans l'intimité pourtant, vous serez détendus, tendres et sociables. La compatibilité entre vous est totale et il est tout à fait improbable que des conflits vous opposent irrémédiablement.

TRADITIONNEL/AMÉRICAIN   6

Attendez-vous à vivre une relation harmonieuse. Et puisque vous partagez les mêmes buts et les mêmes valeurs, vous vous soucierez du bien-être des autres, n'hésitant pas à leur manifester votre affection. Vous croyez à un engagement à long terme et vous vous efforcerez de préserver votre union de tout conflit potentiel. Il existe des différences entre vous mais vous savez en tirer profit. La nature nonchalante de l'américain incite le traditionnel à se laisser aller tandis que ce dernier lui apporte de l'élégance et du raffinement qui, autrement, lui feraient défaut. Le traditionnel a tendance à souffrir d'insécurité et il se sentira rassuré par la loyauté et l'honnêteté de l'américain. Vous êtes donc assurés de trouver le bonheur ensemble.

ORIENTAL/ORIENTAL   6

Votre relation sera une réussite. Vous avez une vie spirituelle active et des dispositions pour le mysticisme. Tandis que vous cherchez continuellement un sens à la vie, d'autres couples parviendront à un degré élevé de réussite matérielle. Cela ne sera toutefois pas important pour vous puisque vous vous préoccupez davantage d'explorer le monde et de goûter à ses beautés, aspirant à une existence essentiellement harmonieuse. Les disputes surviendront rarement entre vous, car vous êtes des êtres capables d'apprécier la paix et la sérénité. Malgré leurs affinités, la plupart des gens ne réussissent pas à former un couple aussi uni que le vôtre, mais vous deux vous avez toutes les qualités pour y parvenir.

ORIENTAL/ANGLAIS   5

Vous entretenez une relation chaleureuse et détendue, menant une vie réservée et évitant les situations de stress et les frictions. Le seul problème éventuel est que la personne qui préfère le style anglais aime être entourée de gens alors que l'oriental a besoin d'être seul pour réfléchir. Ce dernier pourrait être irrité de devoir passer beaucoup de temps avec une personne, peu importe le degré d'estime qu'il éprouve pour elle. De son côté, l'anglais pourra se sentir négligé si l'oriental insiste pour demeurer seul. Heureusement, vous parvenez à discuter calmement de vos différences et pouvez établir des compromis qui vous satisferont tous les deux.

ORIENTAL/AMÉRICAIN   5

Vous formez un couple inusité parce que vous désirez tous les deux vivre d'une façon pure et simple. D'autres personnes souhaitent la gloire et la fortune pendant que vous menez une vie productive et honnête. Mais la simplicité à laquelle aspire l'oriental ne ressemble en rien aux valeurs de son partenaire, car il désire une vie axée sur la spiritualité et la recherche esthétique, alors que l'américain vit d'une façon plus concrète, travaillant de ses mains pour acquérir l'autonomie. Celui-ci pourra sembler manquer de raffinement à côté de l'oriental qui cultive continuellement son esprit; cependant, vous réussirez à vous compléter et à mener une vie équilibrée si vous êtes suffisamment attentifs l'un à l'autre.

| ANGLAIS/ANGLAIS | 6 |

Vous êtes pareils! Vous vous adaptez bien et vous êtes heureux de vivre ensemble. Vous partagez les mêmes plaisirs: de bons amis, de la musique enlevante, de la littérature et des loisirs intéressants. Désireux de profiter de la vie en évitant les tensions, vous appréciez particulièrement les conversations intimes avec les gens que vous aimez. Plus doués que les autres couples pour partager vos sentiments les plus profonds, vous êtes exclusifs et ne sauriez vous contenter de n'importe qui comme partenaire. Étant donné qu'il faut une personne très particulière pour aimer le style anglais... le meilleur choix est une autre personne du même style.

| ANGLAIS/AMÉRICAIN | 4 |

Vous vous ressemblez plus qu'on ne pourrait le croire, désirant tous les deux une vie heureuse en compagnie d'un partenaire stable. Bien entendu, vous voulez votre maison remplie de rires, mais certaines de vos différences menacent votre bonheur. La personne qui aime le style anglais tient à faire bonne impression devant les étrangers et les amis, alors que son partenaire ne se soucie pas le moindrement de ses relations sociales et de sa réputation. Elle sera donc vexée par l'insouciance dont fait preuve l'américain en ce qui a trait aux questions sociales, et ce dernier sera découragé de lui voir accorder autant d'importance à son image et à son prestige. Votre relation évoluera seulement si vous misez sur vos similitudes; acceptant le fait que vous ne partagerez jamais les mêmes besoins sociaux.

| AMÉRICAIN/AMÉRICAIN | 6 |

Seul un duo américain peut profiter d'une relation aussi tendre et aussi chaleureuse. Vous êtes les meilleurs amis qui soient, les meilleurs amants aussi. Et puisque vous cultivez l'honnêteté, vous faisant entièrement confiance, vous ne ferez jamais rien qui puisse heurter l'autre. N'étant pas intéressés à réussir en affaires, vous préférez consacrer votre énergie au bonheur de votre foyer. Vous ne vous souciez pas de ce que les autres pensent de vous, contents d'être vous-mêmes et souhaitant naturel le bonheur de l'autre. Vous avez de la chance de vivre une relation aussi intense.

CHAPITRE 10

Alimentation

On est ce que l'on mange dit l'adage qui révèle toujours un brin de vérité. Les aliments que vous consommez ont un effet certain sur le fonctionnement de votre corps et de votre esprit. Vos goûts révèlent votre personnalité, et l'alimentation est un point à considérer quand vous cherchez à déterminer votre degré de compatibilité avec votre partenaire. Si vous aimez les aliments naturels et que votre partenaire préfère les mets à emporter, des discussions pourront vous enflammer au moment des repas, parfois au point de vous couper l'appétit. Mais que dire des préférences qui n'ont rien à voir avec la gastronomie? Un amateur de frites peut-il trouver le bonheur avec un consommateur de riz complet?

Effectuez le jeu suivant afin de déterminer ce que vous préférez manger, et trouvez le profil qui correspond à ces préférences.

Jeu-questionnaire

Vous avez eu une dure journée de travail. Il n'y a rien d'appétissant dans le refrigérateur et vous n'avez ni l'un ni l'autre le goût de faire le marché ou de cuisiner. Votre partenaire vous suggère de choisir un restaurant, en vous disant: «Choisis ce que tu aimes, ça me conviendra.»

Parmi les restaurants suivants, lequel choisiriez-vous?

Restaurant A

Aliments naturels et mets végétariens.

Menu: Soupe au miso, ragoût de pommes de terre et de champignons, légumes à l'étuvée, riz complet, pain au blé entier et au miel, yogourt glacé, tisanes.

Restaurant B

Mets pour emporter.

Menu: Hamburgers sur le gril, rondelles d'oignon, poulet frit, salade de chou, lait malté au chocolat, beignets, crème glacée.

Restaurant C

Cuisine continentale offrant des spécialités italiennes et françaises.

Menu: Cocktail de crevettes, pâté aux truffes, vichyssoise, salade César, veau piccata, filet de sole, mousse au chocolat.

Restaurant D

Spécialités maisons du sud des États-Unis.

Menu: Bouillon de poulet, pain à la viande, dinde farcie, sauce piquante, purée de pommes de terre, salade du marché, fèves noires, tarte aux fruits.

Personne 1	Restaurant	Personne 2
_____	A	_____
_____	B	_____
_____	C	_____
_____	D	_____

A/A   **6**

Vous êtes un couple tendre et encourageant et chacun comprend les sentiments de l'autre. Vous prenez votre relation au sérieux tout en cultivant l'art de la détente. Comme vous savez que vous pouvez faire confiance à votre partenaire, vous êtes prêt à tout partager avec lui. Veillez toutefois à ne pas vous replier sur vous-mêmes et soyez ouverts aux nouvelles expériences et aux aventures qui sauront ajouter un brin d'excitation dans votre relation.

A/B   5

Vous êtes la preuve vivante que les contraires s'attirent et que cela peut être bénéfique. Les tendances introspectives de A s'harmoniseront avec la nature sociable de B. Alors que B incitera A à devenir plus dynamique, A apaisera les angoisses de B, lui apprenant à se détendre.

A/C   3

Bien que vous ayez des goûts absolument différents, il vous sera possible de mener une vie agréable ensemble... si bien sûr vous êtes disposés à déployer les efforts nécessaires. Vous vous écarterez facilement l'un de l'autre si vous ne consacrez pas suffisamment de temps à régler les inévitables conflits imputables à vos multiples différences. Votre tendance à vous soucier davantage de vous-même que de votre partenaire est le seul trait de caractère que vous avez en commun. A est plus sérieux que C; il voit la vie dans sa globalité et vit dans le présent, alors que A est fasciné par l'avenir. Vous avez des valeurs différentes, mais si l'amour qui vous unit est assez fort, aucun de vos problèmes ne sera insurmontable.

A/D   5

En apparence, vous semblez quelque peu dépareillés. A est un rêveur alors que D est conservateur, traditionnel, pragmatique et réaliste. Vous avez plusieurs similitudes. Vous désirez tous les deux une relation remplie d'amour et de chaleur. Plus à l'aise lorsque vous êtes dans un cadre familier, vous vous entourez volontiers des gens que vous aimez. En conséquence, vous êtes extrêmement loyal l'un envers l'autre.

| **B/B** | **2** |

Même si vous vous ressemblez beaucoup, ce n'est pas nécessairement un avantage. Vous avez tous les deux un puissant esprit de compétition qui pourrait vous inciter à vous dresser l'un contre l'autre plutôt que de vous entraîner à former une équipe. Il ne vous est pas facile de faire des compromis, car vous êtes déterminés à obtenir ce que vous voulez sans vous soucier des conséquences. Vous aimeriez être plus encourageant et plus attentif, mais vous dépensez votre énergie ailleurs. Si vous désirez améliorer la situation, vous devrez mettre vos besoins personnels en veilleuse afin de vous concentrer sur vos problèmes communs.

| **B/C** | **6** |

Vous vous complétez de plusieurs façons. B est actif et s'intéresse au monde en général, bien qu'il ait tendance à être prudent et conservateur. C a au contraire un grand esprit d'aventure grâce auquel il peut ouvrir de nouveaux horizons à B. Alors que C invitera B à faire de nouvelles expériences, ce dernier pourra l'aider à développer ses capacités de communiquer ses émotions. C étant très préoccupé de lui-même, il pourra compter sur le sérieux de B pour l'inciter à s'ouvrir aux autres.

| **B/D** | **1** |

Vous éprouverez sans doute beaucoup de frustrations au cours de votre vie commune. Alors que D exige sans cesse sécurité et encouragement, B se montre tout simplement incapable d'exprimer les choses comme son partenaire le souhaiterait. D'une nature active, il a de la difficulté à comprendre la nature effacée de D. Le mécontentement risque donc de survenir si aucun ne se montre plus tolérant envers l'autre.

C/C	4

Il y a tout à parier que vous formerez une association des plus originales. Vous êtes tous les deux attirés par une vie remplie d'aventures. Les autres couples vous envieront votre rayonnement, ne réalisant pas que les apparences sont parfois trompeuses. Car vous n'avez pas «tout ce qu'il faut» pour vivre ensemble. L'intimité émotive vous fait défaut et vous ne communiquez que très superficiellement, semblables à deux personnes qui passeraient beaucoup de temps ensemble sans parvenir à se connaître. Si vous souhaitez vraiment former un couple, vous ferez bien de développer votre sens de la communication. Efforcez-vous de confier vos pensées et vos sentiments à votre partenaire et, au lieu de parler de détails, concentrez-vous sur les événements importants.

C/D	3

Si votre union survit, en dépit des contrastes qui vous divisent, ce sera une réussite. Sinon, vous romprez brutalement car les conflits ne peuvent manquer d'opposer deux personnes aussi différentes. C ne se préoccupe que de lui-même, alors que D est un altruiste. Ce dernier perçoit donc son partenaire comme un être insouciant et égoïste. En revanche, C qui aime l'aventure trouve que D est collant et passablement aveuglé par son besoin d'un cadre familier. Il se sent aussitôt mal à l'aise lorsque C l'incite à faire de nouvelles expériences et à rompre avec ses habitudes. Comprendre et accepter l'autre (qui sont les mots clés de toute bonne relation) seront donc deux défis difficiles à relever, autant pour C que pour D.

D/D	6

Ça ne peut pas rater! Seul un D peut comprendre le besoin d'affection éprouvé par un autre D. Vous formez le duo le plus affectueux qui soit et il y a peu de risques que votre belle association tourne court. Attention tout de même aux influences extérieures! Les autres pourraient vous envier et tenter de perturber votre entente. Heureusement, vous êtes aussi unis que les maillons d'une chaîne.

CHAPITRE 11

Expérience de la naissance

Selon Freud, la naissance d'un être humain et les conditions entourant sa mise au monde sont à l'origine de toutes les anxiétés qui surgiront au cours de sa vie. La naissance est un acte particulièrement traumatisant puisqu'il s'agit de la première séparation physique de la mère et de l'enfant, et qu'elle représente également pour celui-ci son premier contact avec le monde extérieur. Elle déclenche donc chez l'individu une série de réactions précises qui se répéteront au cours de sa vie et qui le prédisposeront à penser, à sentir et à se comporter d'une certaine façon.

La naissance n'est toutefois pas toujours un événement traumatisant, certains bébés ayant la chance de venir au monde sans subir de malaises physiques ou psychologiques. Cependant, selon deux spécialistes dans le domaine (Arthur Janov, auteur de *Imprints: The Live Long Effects of the Birth Experience,* New York, Putnam, 1984; et Leslie Fehrer, auteure de *The Psychology of Birth,* New York, Continuum, 1981), le stress provoqué par la naissance est dans plusieurs cas assez fort pour marquer la personnalité de façon permanente.

Pour connaître les effets de cette expérience sur votre vie de couple, cochez le genre de naissance que vous avez subi. Votre mère est évidemment la personne la mieux placée pour vous informer à ce sujet. Comparez vos réponses avec celles de votre partenaire et trouvez vos profils correspondants.

Accouchement avec forceps
L'accouchement s'effectue à l'aide d'instruments chirurgicaux.

Interruption du travail
Le travail est interrompu pour une raison ou un événement impromptu (stabilisation de l'état de la mère au cours du travail, médecin tardant à arriver, etc.).

Travail prolongé
Le travail est léger mais il dure longtemps (la naissance s'effectue naturellement).

Siège
L'enfant se présente par les fesses ou par les pieds.

Césarienne
L'enfant doit être retiré au moyen d'une opération chirurgicale.

Naissance prématurée
L'enfant naît avant terme (moins de neuf mois de grossesse).

Naissance tardive
L'enfant naît après terme (neufs mois et plus de grossesse).

Naissances multiples
C'est le cas des jumeaux, des triplets, etc. (voir interruption du travail ou travail prolongé).

Naissance normale
Exemple classique qui exclut les complications précédentes.

Personne 1	Genre de naissance	Personne 2
_____	Accouchement avec forceps	_____
_____	Interruption du travail	_____
_____	Travail prolongé	_____
_____	Siège	_____
_____	Césarienne	_____
_____	Naissance prématurée	_____
_____	Naissance tardive	_____
_____	Naissances multiples	_____
_____	Naissance normale	_____

Remarque:
   Si plusieurs complications sont survenues au cours de votre naissance, indiquez-les dans la colonne appropriée. (Par exemple, vous êtes né tardivement et par le siège). Comparez vos réponses avec celles de votre partenaire et lisez les profils qui y correspondent. Si votre partenaire est né tardivement et par césarienne, consultez les rubriques césarienne-naissance tardive, naissance tardive-siège, et naissance tardive-naissance tardive. Chaque profil révèle différentes facettes de vos personnalités et décrit comment elles peuvent agir sur votre relation.

FORCEPS/FORCEPS   1

   Vous vous ressemblez beaucoup, mais cela suscite des problèmes de comportements entre vous. Vous avez tendance à rationnaliser ce que vous vivez ensemble et à vous cacher vos sentiments respectifs. À moins que vous ne fassiez un effort supplémentaire pour ajouter un brin d'aventure, d'humour ou de passion à votre relation, les joies manqueront dans votre vie. Il est fort possible que vous soyez tous deux tellement préoccupés par vos projets que vous en veniez à oublier de jouir de la vie. Votre dépendance mutuelle constitue un autre problème. Vous n'êtes pas sûr de vous et votre manque de confiance se reflète sur votre couple. Et puisque vous vous nourrissez de l'insécurité de l'autre, vous finirez par vous convaincre que vous ne réussirez jamais rien.

Heureusement, grâce à votre force mentale, vous parviendrez à trouver un terrain d'entente entre vous, et encouragerez votre partenaire à exprimer ses émotions, particulièrement celles qui sont positives. Vous récolterez la satisfaction de goûter à de nouvelles expériences et aux plaisirs que vous procure la vie à deux. Il vous serait néanmoins utile de songer à être heureux dès maintenant plutôt que de toujours remettre votre bonheur à plus tard. Faites en sorte que votre partenaire ne se laisse pas envahir par l'anxiété en l'encourageant à utiliser ses ressources personnelles.

FORCEPS/INTERRUPTION DU TRAVAIL   1

Il est impératif que vous preniez conscience des problèmes de dynamique qui risquent de surgir au sein de votre couple. La personne qui est née à l'aide de forceps a tendance à tout rationaliser, ce qui peut contrarier son partenaire qui est lui un grand émotif et un grand inquiet. Ensemble vous avez tendance à croire que tout le monde peut réussir dans la vie, à part vous, en raison de votre extrême dépendance.

Vous pourrez améliorer votre situation en vous encourageant mutuellement à prendre des risques. Sinon les choses demeureront telles qu'elles sont. Si vous désirez vous épanouir, laissez à la personne née avec les forceps le soin d'imaginer d'autres techniques pour vous aider à prendre votre destin en main. Évitez également de communiquer un sentiment d'abandon ou d'insécurité à une personne ayant subi une interruption de travail. Vous devrez vous encourager mutuellement et vous témoigner beaucoup d'attention (cette tâche incombera surtout au partenaire qui a subi les forceps).

FORCEPS/TRAVAIL PROLONGÉ   1

Vos aspirations sont complètement différentes. La personne qui est née à l'aide des forceps se concentre entièrement sur ses projets. Elle se moque de la façon dont elle doit s'y prendre; tout ce qui compte, c'est d'y arriver. Par contre, l'individu qui a connu la complication d'un travail prolongé s'intéresse plutôt à la *façon* de faire les choses et pas le moins du monde à la réussite. Évidemment, ces divergences influencent votre comportement.

Si vous souhaitez vivre ensemble une relation à long terme, vous devrez devenir maîtres dans l'art du compromis et de la négociation. Même si vous ne parvenez pas toujours à des solutions satisfaisantes, vous tiendrez compte de vos désirs et de vos besoins dans tout ce que vous effectuez ensemble. À tout le moins, essayez de satisfaire vos besoins personnels. Par exemple, en ce qui concerne sa manière de faire l'amour, la personne née avec les forceps aime consommer rapidement l'acte amoureux alors que son conjoint jouira de chaque moment, souhaitant que cela dure le plus longtemps possible. La solution consiste à vous satisfaire en alternance lors de vos jeux amoureux. En appliquant cette méthode à l'ensemble de votre vie, vous vivrez heureux et vous vous aimerez longtemps.

FORCEPS/SIÈGE   **2**

Vous connaîtrez certainement plusieurs problèmes à cause de vos divergences. Celui qui est né avec les forceps est considéré comme un grand intellectuel alors que son partenaire sous-estime le savoir et les jeux de l'esprit. L'intelligence est une valeur importante pour le premier alors que son partenaire s'intéresse davantage à la dextérité physique (exprimée à travers le sport ou la sexualité). N'étant ni l'un ni l'autre très émotif, ce trait commun vous permettra du moins d'éviter les disputes, si fréquentes chez les autres couples. Vos rapports demeureront néanmoins froids et distants.

La personne qui s'est présentée par le siège lors de sa naissance possède un tempérament dominateur, mais lorsqu'on lui confie une tâche, elle devient très angoissée ou même hostile. Son partenaire né avec des forceps étant dépourvu de confiance en lui, il manquera de fermeté pour se défendre contre les colères de son conjoint. À condition qu'il apprenne à contrôler ses émotions négatives, vous pourrez tous les deux mener une vie plutôt calme et rangée.

FORCEPS/CÉSARIENNE   2

La dépendance est le trait dominant de votre relation car vous avez peur d'être vous-mêmes. Vous préférez en effet vous accrocher à quelqu'un d'autre plutôt que de développer vos capacités personnelles. L'idée d'avoir un partenaire qui ressent la même chose que vous vous réconforte, mais cela ne vous incite pas à vous émanciper.

Autrement vous n'avez pas grand-chose en commun. L'individu né par césarienne aspire à une vie simple, sans complications. Il hésite à adopter de nouvelles attitudes même en sachant que cela pourrait améliorer sa vie. Sa réaction s'oppose à celle de l'intellectuel qui éprouve un grand plaisir à acquérir de nouvelles connaissances. Ce dernier ne trouvera donc pas son conjoint très emballant et cédera peut-être à la tentation de chercher un partenaire capable d'apprécier les discussions stimulantes. En fait, il aura l'impression de ne pas pouvoir compter sur une personne aussi irresponsable. Une telle relation est loin d'être idéale.

FORCEPS/NAISSANCE PRÉMATURÉE   4

La personne qui a vécu une naissance prématurée aidera son partenaire à acquérir plus de confiance en lui. Très résolue et peu encline à abandonner ses projets, elle deviendra un modèle pour celui qui se décourage facilement et qui se croit incapable de contrôler son destin. Elle influencera favorablement celui qui a subi les forceps et qui a besoin d'apprendre à s'engager activement dans la vie et à oser prendre des risques afin de pouvoir en récolter les fruits.

Cette association comporte toutefois des éléments négatifs. Votre vie sociale sera morne parce que ni l'un ni l'autre n'êtes doué pour tisser des liens d'amitié. Ne dégageant pas non plus beaucoup de sensualité, vous vous priverez des plaisirs passionnés que partagent des partenaires mieux assortis.

FORCEPS/NAISSANCE TARDIVE   4

Les qualités de force et d'indépendance manifestées par la personne qui est née tardivement auront un effet bénéfique sur celui qui est venu au monde à l'aide de forceps. Sachant comment gérer son temps sans jamais se préoccuper de ce que pensent les autres elle influencera fortement son partenaire qui essayera bientôt de s'affirmer, même s'il doute d'y parvenir. Son pragmatisme sera extrêmement utile à celui qui a tendance à rêver plutôt qu'à regarder les choses en face.

Cependant la personne née tardivement a besoin d'air et d'espace et la monogamie à long terme risque de lui donner l'impression d'être prise au piège. Or, c'est exactement ce que désire son partenaire qui souffre d'insécurité et qui a besoin de compter sur les autres. Toutefois, puisque votre association comporte plusieurs aspects positifs, il serait souhaitable que vous parveniez à trouver des compromis entre votre désir de liberté et votre besoin de sécurité.

FORCEPS/NAISSANCE NORMALE   2

La personne qui a eu une naissance normale ne connaissant pas l'agitation intérieure, elle pourra éprouver de la difficulté à accepter un partenaire inquiet et tourmenté. Exaspérée par le fait que tout se passe pour lui par la tête et non par le cœur elle réprouvera sa dépendance et son manque de confiance en lui-même. Si vous persistez dans votre désir de vivre ensemble, vous feriez bien de vous exercer à la tolérance.

INTERRUPTION DU TRAVAIL/   3
INTERRUPTION DU TRAVAIL

Vous établirez des liens très étroits qui pourraient toutefois vous être néfastes. Car vous vous accrochez l'un à l'autre non pas par amour, mais par besoin de sécurité. Et votre inquiétude grandira démesurément si vous n'avez pas toujours quelqu'un à vos côtés pour vous protéger et vous encourager. Vous éprouvez les mêmes craintes tous les deux et la vie vous fait peur. En conséquence, vous préférez vous replier sur vous-mêmes plutôt que de communiquer avec les autres gens, évitant de participer à des événements ou à des rencontres.

En vous isolant ainsi, vous agissez exactement comme vous le souhaitez mais vous ne réalisez pas combien cela vous empêche de vous épanouir. Si l'un d'entre vous éprouve le désir de s'affranchir ou d'être un peu plus indépendant, cela éveille immédiatement l'inquiétude de son partenaire, lequel éprouve un sentiment de culpabilité à la seule idée de vouloir s'affirmer en tant qu'individu. Votre relation risque donc de vous étouffer tous les deux si vous ne veillez pas à vous détacher l'un de l'autre en vous ouvrant un peu plus aux gens qui vous entourent.

INTERRUPTION DU TRAVAIL/ TRAVAIL PROLONGÉ   4

Votre relation devrait se dérouler en douceur, plus que chez les autres couples, car vous avez des besoins similaires et le même style de personnalité. Ni l'un ni l'autre ne veut révolutionner le monde, préférant profiter des plaisirs de la vie. Vous aimez la familiarité et évitez l'inconnu autant que possible. Ensemble, vous établirez un style de vie où régnera le confort issu d'un environnement agréable.

À l'occasion votre relation souffrira de statisme. Lorsque le partenaire qui a subi une interruption du travail deviendra trop possessif, cela suscitera le mécontentement de l'autre en voyant la dépendance surgir dans votre vie. Sa personnalité l'incite à tout mener (même ses émotions) d'une façon soigneusement réglée. Si son partenaire dérange sa routine, il deviendra très malheureux. Veiller à cultiver l'indépendance.

INTERRUPTION DU TRAVAIL/SIÈGE   3

Vous partagez les mêmes soucis, vous inquiétant beaucoup des gens qui vous tiennent à cœur. Vous aimeriez pouvoir compter sur les autres, mais vous ne vous sentez jamais assez à l'aise pour le faire. De la même façon, vous éprouvez le besoin d'avoir des liens étroits, mais vous n'arrivez pas à faire entièrement confiance aux autres. Vous avez une idée ambiguë de l'indépendance. Vous aimeriez prendre votre vie en main, mais ne sachant comment agir pour y arriver, vous redevenez dépendant. Par contre, vous avez tous deux des réactions différentes face à ce problème. Le premier devient passif et abattu alors que l'autre a tendance à tomber dans l'excès et à être agressif.

À vous de décider de l'avenir de votre relation. À moins que vous n'acceptiez de vous aider mutuellement, vous laisserez l'inquiétude s'accroître entre vous. Avec un peu de détermination, vous pourrez développer des mécanismes de défense et trouver une façon plus saine de communiquer.

INTERRUPTION DU TRAVAIL/CÉSARIENNE   3

Votre association présente autant d'aspects positifs que de points négatifs. Vous avez un problème commun de dépendance et, doutant de vos talents, vous avez besoin du support des autres. N'étant ni l'un ni l'autre doué pour établir des objectifs et les atteindre, vous lutterez continuellement pour obtenir ce que que d'autres se procurent si facilement.

Cependant, vous pourrez vous aider mutuellement. La personne qui a subi la complication de l'interruption du travail est paralysée dans une attitude d'inertie alors que son partenaire qui est né par césarienne n'hésite pas à passer à l'action. Ce dernier pourra inciter son partenaire à faire fi des restrictions et des contraintes en l'aidant à identifier ce qu'il désire. Tous deux goûteront ainsi au plaisir d'entretenir des rapports émotifs étroits. Considérez surtout vos points forts et méfiez-vous de vos faiblesses.

INTERRUPTION DU TRAVAIL/   **3**
NAISSANCE PRÉMATURÉE

La personne née prématurément a de la chance d'être en relation avec un partenaire venu au monde après une interruption du travail. Car ce dernier lui fournira chaleur et compréhension, deux qualités d'une valeur inestimable pour un prématuré. Partager ses émotions lui est en effet particulièrement pénible, mais avec le temps, il y parviendra peu à peu.

Son irresponsabilité ne doit cependant pas vous abattre. Peu doué pour prendre de sages décisions, il pourra sans doute vous causer quelques embêtements. Étant vous-même désavantagé par le rôle passif que vous tenez auprès de lui, vous devrez fermer les yeux sur ses frasques pour avoir la paix. Cette attitude sera préférable à celle qui vous porterait à lui faire des reproches. Cependant, si vous désirez une relation durable avec un prématuré, vous devrez acquérir plus de fermeté et refuser de suivre ses idées farfelues.

INTERRUPTION DU TRAVAIL/NAISSANCE TARDIVE   5

Cette relation pourrait être idéale. La personne née tardivement aura la chance d'user de ses qualités de chef avec son partenaire qui est du genre plus soumis (trop heureux de laisser à quelqu'un d'autre le soin de diriger sa vie). Celui-ci pourrait donc, grâce à son aide, cesser de se décourager et faire preuve d'initiative.

Cependant, s'il devient trop exigeant et qu'il se cramponne, son partenaire refusera de se faire imposer des restrictions. Évidemment, il vaudrait mieux qu'il apprenne à être plus autonome pour ne pas devenir un fardeau.

INTERRUPTION DU TRAVAIL/NAISSANCE NORMALE   2

La personne qui est née à la suite d'une interruption du travail a tellement besoin d'intimité que cela pourrait bien effrayer son partenaire. Celui dont la naissance s'est déroulée normalement consent volontiers à partager son intimité, mais il tolère difficilement que quelqu'un se cramponne à lui au lieu d'être son égal. Si son partenaire ne réussit pas à maîtriser le sentiment d'abandon qui le pousse à partager tous ses désirs et toutes ces craintes, leur union ne pourra durer longtemps.

TRAVAIL PROLONGÉ/TRAVAIL PROLONGÉ   **6**

Vous êtes identiques et vous devriez avoir de bons rapports ensemble. Vous aimez tous les deux la bonne chère et ne perdez pas un temps précieux à réaliser des projets ambitieux. Vous êtes simplement heureux d'exister, et de vivre une journée à la fois, sans trop vous presser. C'est votre façon de vivre et elle vous convient tout à fait.

Toutefois, autant ensemble que séparément, vous avez tendance à laisser traîner les choses, évitant de prendre des décisions et d'agir. Inutile de dire que vous n'accomplirez pas tout ce dont vous rêvez. Parce que vous aimez l'ordre et les traditions, vous vous priverez beaucoup, en cherchant à éviter les imprévus. Essayez de vous sentir à l'aise sans chercher à tout planifier d'avance. Si vous y prenez goût, vous serez le plus heureux des couples.

TRAVAIL PROLONGÉ/SIÈGE   **4**

Vous ne serez pas accablés de soucis mais votre relation manquera de piquant. En général, tout se déroulera dans le calme, les défis vous laissant indifférents. Vous préférez en effet mener une vie relativement peu exigeante sans vous soucier constamment du quotidien ou sans avoir à résoudre un grand nombre de problèmes. Vous ménagez plutôt votre énergie physique et cérébrale.

Cependant, vous n'êtes pas à l'abri des disputes. Le partenaire né par le siège a tendance à faire une tempête dans un verre d'eau. Si quelque chose lui déplaît dans le comportement de l'autre, il se fâche et devient très colérique. Naturellement, cela déconcerte la personne née à la suite d'un travail prolongé (elle est particulièrement passive, et chaque crise lui cause un choc). En apprenant à exprimer votre mécontentement sur un autre ton, vous vous en porterez mieux tous les deux.

TRAVAIL PROLONGÉ/CÉSARIENNE   5

Vous partagez le désir de mener une vie sans problèmes. L'ordre et les traditions sont des valeurs prioritaires pour la personne née après un travail prolongé et plaisent également à celui qui est né par césarienne. Cela vous promet donc une vie pas compliquée où il ne sera pas nécessaire de vous gaver de nouvelles connaissances. De toute manière, vous ne courez pas après les défis et, comme vous aspirez au calme, vous évitez de répondre aux sollicitations, contournant les pièges dans lesquels tombent aisément les autres couples.

Cependant, la personne née par césarienne pourra parfois céder à une envie soudaine. Cette preuve de spontanéité sera perçue comme une menace par son partenaire, lequel se sentira incapable de réfléchir (principale activité d'un individu né après un travail prolongé). À l'occasion, son partenaire né par césarienne ira jusqu'à lui faire une scène, un acte extrêmement désagréable pour quelqu'un qui ne tolère pas les situations où l'on se donne en spectacle. Le mécontentement ne pourra que s'accroître si les scènes se multiplient. Si chacun de vous parvient à exprimer ses sentiments, s'efforçant de se mettre à la place de son partenaire, vous réussirez à vivre harmonieusement.

TRAVAIL PROLONGÉ/NAISSANCE PRÉMATURÉE   4

Il vous arrive souvent de vous heurter. La personne née après un travail prolongé est mal à l'aise quand elle ne vit pas dans un cadre structuré, alors que le prématuré ne peut encaisser la moindre contrainte extérieure. Il ne veut pas être soumis à l'autorité des autres, tandis que son partenaire a besoin de leur

soutien. Cela suscitera certainement des conflits puisque le prématuré se rebelle dès qu'on le met en boîte alors que son partenaire s'accroche à l'idée d'être encadré.

Votre relation sera plus stimulante si vous permettez à chacun d'assouvir ses besoins. Le prématuré doit être libre d'agir
selon ses désirs même si son partenaire juge qu'il prend un risque
en le laissant faire, réclamant le droit d'être rassuré sur la solidité
de vos liens. Bien qu'il n'ait pas besoin d'avoir des relations étroi-
tes avec des amis ou avec sa famille, le prématuré acceptera les
besoins de l'autre à cet égard. La solidarité doit régner entre vous
si vous désirez l'épanouissement de votre relation.

TRAVAIL PROLONGÉ/NAISSANCE TARDIVE   5

En général, vous vivrez en harmonie car vous êtes de bons
vivants déterminés à profiter de la vie. Préférant jouir du présent,
l'avenir ne vous préoccupe pas vraiment. Cette philosophie con-
solide votre couple puisque vous vous consacrez à entretenir
votre plaisir de vivre ensemble.

Seul nuage à l'horizon: la personne née à l'issue d'un travail
prolongé ayant besoin d'une vie encadrée, la spontanéité
l'effraiera ainsi que les événements imprévus. Elle préfère en effet
une vie rangée où tout est planifié d'avance, ce qui ne convient
pas parfaitement à la nature de celui qui est né tardivement.
Celui-ci peut se sentir coincé ou céder à la panique lorsque le
besoin d'ordre devient impératif. Et puisqu'il est très autonome, il
refusera les strictes interdictions de fréquenter des gens ou de
courir les événements. Vous devrez donc trouver un compromis,
cédant parfois au désir de votre partenaire de s'éloigner de temps
à autre, pour votre bien à tous deux.

TRAVAIL PROLONGÉ/NAISSANCE NORMALE   5

En général, vous vous entendez bien ensemble. La personne
qui a subi une naissance normale sert de modèle à son partenaire
et lui communique son énergie. Grâce à elle, il peut se fixer des

objectifs précis au lieu de se disperser dans toutes sortes d'activités. À l'occasion, le partenaire né sans complications souhaitera un peu plus de spontanéité de sa part, mais il respectera les goûts de son conjoint et son besoin de suivre les traditions, appréciant son calme et sa stabilité.

SIÈGE/SIÈGE   2

Chacun ayant sa part de problèmes émotifs à régler, cela risque de causer des frictions entre vous. Vos manières autoritaires susciteront le mécontentement de votre partenaire qui se rebellera contre toute forme d'abus. Il est possible que vous deveniez agressifs au cours de la lutte qui s'engagera pour déterminer lequel de vous deux mènera la barque.

Étant tous deux portés à agir plutôt qu'à réfléchir ou à parler de vos sentiments, vous ne communiquerez pas aisément ensemble. Au lieu d'exprimer vos émotions, vous agirez parfois impulsivement, laissant votre partenaire s'interroger sur la raison de votre comportement. Lorsqu'il vous arrivera de céder à vos impulsions, vous réaliserez combien il vous reste d'ambiguïtés à clarifier. Vous devrez donc donner des preuves de votre attachement et consacrer beaucoup d'efforts à consolider vos liens.

SIÈGE/CÉSARIENNE   3

Vous avez plusieurs défis à relever en plus de vous efforcer de régler le lien de dépendance qui vous unit. La personne qui s'est présentée par le siège en naissant est un meneuse qui fait preuve d'initiative. Son partenaire né par césarienne souffre de dépendance envers les autres et cela peut devenir un fardeau pour elle qui n'aura d'autre choix que de l'encourager à prendre sa vie en main. L'individu né par césarienne sera porté à abandonner facilement la partie, car il manque de persévérance.

L'avenir de votre relation est toutefois prometteur dans certains cas. Car si la personne née par le siège aime vraiment diriger, il arrive aussi que son partenaire né par césarienne ait des qualités de chef. En continuant à considérer son conjoint comme étant celui qui mène, il flattera son partenaire, accroîtra son pouvoir et fera en sorte que vous soyez tous les deux satisfaits de votre relation.

SIÈGE/NAISSANCE PRÉMATURÉE	5

Vous avez plusieurs points en commun. Vous négligez votre épanouissement personnel à force de vous préoccuper seulement de trivialités. Vous n'êtes pas intéressés à connaître un autre style de vie ni à emmagasiner de nouvelles connaissances. Vous préférez prendre la vie comme elle vient plutôt que de relever des défis. Vous limitez vos contacts sociaux. N'ayant ni l'un ni l'autre le don de communiquer facilement, chacun préfère la solitude.

Le prématuré est sans doute plus passif et il refuse toute responsabilité, heureux de confier ce soin à son partenaire. Cela fait le bonheur de ce dernier qui a grand besoin de sentir qu'il détient le pouvoir.

SIÈGE/NAISSANCE TARDIVE	1

Les conflits éclateront inévitablement au cours de votre relation. Vous désirez tous les deux diriger et aucun de vous n'a la courtoisie de s'incliner devant les désirs de son partenaire. Votre lutte pour le pouvoir sera féroce. Au début, elle ressemblera à un défi dont l'enjeu serait de montrer le meilleur de vous-même. Mais bientôt, vous découvrirez combien cela peut devenir épuisant.

Apprenez à canaliser votre énergie de façon plus constructive. Trouvez d'autres gens avec qui rivaliser et consacrez-vous à des activités susceptibles d'étancher votre soif de pouvoir. Soyez à l'écoute de l'autre et laissez votre agressivité de côté. Gagner peut être gratifiant, mais n'est-ce pas une piètre victoire de l'emporter au détriment de l'être aimé? Une bonne relation permet à tout le monde de trouver son compte et donne à chacun le loisir de développer son talent de négociateur. Si vous réussissez à maîtriser vos instincts belliqueux, vous profiterez des bienfaits que procure une association aussi dynamique.

SIÈGE/NAISSANCE NORMALE   1

La personne qui est venue au monde par le siège devrait régler quelques-uns de ses problèmes avant de s'engager dans la vie à deux. C'est un être ambigu qui donne parfois l'impression d'avoir besoin d'un conjoint pour se faire prodiguer des encouragements. Toutefois, si son partenaire accepte de lui venir en aide celui-ci pourra se rebiffer, insistant pour se débrouiller tout seul.

Heureusement, la personne qui a eu une naissance normale jouit d'une excellente santé mentale et saura comment endiguer ses inquiétudes et susciter la spontanéité capable de rendre son partenaire si attachant. Quant à ce dernier, il devra apprendre à accepter les encouragements. À force de travailler ensemble, vous établirez des rapports satisfaisants.

CÉSARIENNE/CÉSARIENNE   4

Vous formez un couple dynamique, mais vous ne réussirez jamais vraiment à vivre en harmonie. Aussi spontanés que créatifs, vous aimez improviser, adorez les effets de surprise et n'hésitez pas à exprimer vos sentiments librement quand bon vous semble.

Ces affinités ont tout pour vous réunir, mais vous avez également des qualités susceptibles de vous causer de légers problèmes. N'ayant pas l'habitude de prendre des responsabilités, vous serez désemparés quand viendra le temps de le faire. Et si par malheur vous échouez au lieu de régler le problème, vous en imputerez la faute à votre partenaire comme le ferait un autre césarien (ce ne sera jamais la vôtre). Votre propension à fuir les réalités de la vie ne favorisera donc pas votre union, mais la compagnie d'un «pareil à vous» vous sera toujours agréable.

CÉSARIENNE/NAISSANCE PRÉMATURÉE 4

Ni tout à fait semblables ni tout à fait contraires, vous préférez tous deux une vie facile et pas trop compliquée. Vous ne tenez pas à accroître vos capacités intellectuelles, évitant de réfléchir aux événements importants de votre vie. En général, vous vous entendrez bien même si vous êtes peu sociables et plutôt dépendants l'un de l'autre.

Il existe cependant entre vous une différence remarquable qui pourra avoir un effet bénéfique sur le césarien. Le prématuré se moque des contraintes extérieures et quand il veut faire quelque chose, il le fait même si on le lui déconseille, même s'il faut franchir un obstacle insurmontable. Ce comportement contraste avec celui du césarien qui abandonne la partie à la moindre difficulté. La témérité du prématuré vous permettra donc de mener une vie plus active et plus passionnante.

CÉSARIENNE/NAISSANCE TARDIVE 5

L'individu qui a subi une naissance tardive écopera du rôle dominant au sein de votre relation. Il apportera de la force au partenaire né par césarienne qui est plutôt démuni sous ce rapport. Ce dernier ne verra pas d'inconvénients à se faire mener et en retour, il lui témoignera même de la reconnaissance et le traitera avec amabilité.

Cela ne signifie pas que votre relation sera unilatérale, où l'un donne et l'autre prend. Au contraire, le partenaire né par césarienne a une personnalité particulière qui apportera une touche spéciale à la vie de l'autre. Ce dernier est fermement attaché à la réalité et il manque d'imagination. Sa relation avec un individu né par césarienne l'encouragera à être plus aventureux et à expérimenter de nouveaux modes d'expression. Vous jouirez d'une relation des plus agréables.

CÉSARIENNE/NAISSANCE NORMALE	4

Un individu né par césarienne n'a pas la personnalité idéale pour celui dont la naissance s'est déroulée normalement, mais il est plus que probable que vous entreteniez une bonne relation. Bien que le césarien puisse hésiter à développer complètement ses capacités d'apprentissage, l'individu dont la naissance s'est déroulée normalement peut devenir un excellent professeur. Le césarien a tendance à devenir dépendant. Il tolère mal la frustration et son partenaire l'aidera à surmonter ce mauvais côté et à devenir plus sûr de lui-même. Cependant, il ne faut pas encourager son sens du drame, car il est assez doué de ce côté-là. Il a un flair assez unique. Cela apportera du piquant dans votre relation au grand plaisir de celui qui a eu une naissance normale.

NAISSANCE PRÉMATURÉE/ NAISSANCE PRÉMATURÉE	1

Vous vous ressemblez comme deux gouttes d'eau... aussi veillerez-vous à ne pas copier les faiblesses de l'autre. Vous résistez aux changements, préférant le *statu quo* pour demeurer ensemble toute une vie. Vous avez le même problème lorsqu'il s'agit de maintenir un lien amical. Ni l'un ni l'autre ne sait communiquer avec autrui sans que cela ne devienne étouffant. De plus, l'intérêt de développer vos connaissances n'est pas accru.

Si vous songez à demeurer ensemble, tâchez de sortir de l'ornière dans laquelle vous semblez vous enfoncer. Encouragez-vous à prendre des risques et à assumer des responsabilités. Apprenez à être près de l'autre sans lui marcher sur les pieds. Une bonne façon d'atteindre ce but est d'étudier le comportement des couples qui réussissent à conserver leur individualité tout en formant une union durable. Il est essentiel que vous vous accordiez beaucoup de liberté. Et même si cela vous coûte un effort, tâchez de développer votre côté intellectuel afin de devenir des compagnons intéressants l'un pour l'autre.

NAISSANCE PRÉMATURÉE/NAISSANCE TARDIVE   2

L'individu qui a subi une naissance tardive est exactement le partenaire qu'il faut pour le prématuré. Il a la maturité qui fait défaut chez ce dernier. Il sait diriger sa vie, ce qui incitera son partenaire à mieux diriger la sienne. Son sens de la réalité et son talent de meneur font de lui un bon professeur pour le prématuré qui a plutôt tendance à errer sans but.

Les avantages ne sont pas réciproques. Le prématuré n'a pas grand-chose à offrir. Au plus acceptera-t-il d'être dominé par son partenaire, satisfaisant ainsi son besoin de pouvoir. Il deviendra de plus en plus dépendant de l'autre, ce qui incitera ce dernier à fuir. Votre relation réussira seulement si le prématuré veille attentivement à limiter ses demandes afin de ne pas devenir un fardeau pour l'autre.

NAISSANCE PRÉMATURÉE/NAISSANCE NORMALE   3

Votre relation a de bonnes chances de réussir même si celui qui a subi une naissance normale risque de devenir exaspéré par les attitudes du prématuré dont le principal problème est le manque de maturité. Comme Peter Pan, il a peur de grandir et il se rebelle contre le fait de devenir adulte. Selon le point de vue adopté par son partenaire, cela peut être un trait charmant qui vous garde jeunes tous les deux, ou provoquer des maux de tête chez celui qui doit assumer les responsabilités au sein du couple. Le partenaire né normalement aura tendance à protéger le prématuré; ce dernier trouvera cela agréable, mais cette attitude ne saurait être encouragée si vous voulez protéger votre relation. Essayez plutôt de devenir l'égal de l'autre.

NAISSANCE TARDIVE/NAISSANCE TARDIVE 3

Il y a beaucoup de choses à dire sur votre relation, bonnes et mauvaises. D'un côté, vous êtes des natures indépendantes et volontaires. Ni l'un ni l'autre n'aura à se soucier d'un partenaire dépendant. Vous serez libres de poursuivre vos activités sans être freinés par quelqu'un qui ne sait pas diriger sa vie. Vous savez qui vous êtes. Vous vous acceptez comme tels et n'avez pas besoin de chercher le vrai moi.

Cependant, il existe un risque d'avoir une relation trouble lorsque deux personnalités de ce genre sont impliquées. Vous pouvez devenir agressifs l'un envers l'autre et même oublier que vous êtes amoureux lorsque vous vous efforcez d'avoir le dessus. Même si vous appréciez la force de votre partenaire, vous ne pouvez espérer avoir le rôle dominant, même temporairement. Vous éprouvez la crainte d'être confiné qui se traduit parfois par la peur de vous engager. Vous vous sentez rapidement coincés lorsque vous partagez l'intimité de quelqu'un. Au lieu de discuter calmement de vos appréhensions, vous réagissez de façon excessive et vous vous écartez rapidement l'un de l'autre. Pour le succès de votre relation, prenez le temps d'examiner la dynamique qui règne entre vous et consacrez l'énergie nécessaire à résoudre vos problèmes mutuels.

NAISSANCE TARDIVE/NAISSANCE NORMALE 5

Cette relation est des plus prometteuses. Vous êtes des individus forts et brillants. Individuellement, tout se passe bien, mais en combinant vos forces, vous mènerez une vie des plus productives et des plus heureuses. Des problèmes mineurs surgiront à l'occasion, tels que de petites luttes pour le pouvoir au cours desquelles l'un voudra s'accaparer du rôle dominant. En temps difficiles, celui qui a subi une naisance tardive aura parfois des réactions excessives. Il tiendra des propos déplacés ou aura tendance à fuir. Heureusement, cela n'arrivera pas fréquemment. Vous ne tiendrez pas compte de ces turbulences et maintiendrez votre union.

NAISSANCE NORMALE/NAISSANCE NORMALE   6

Félicitations! Vous n'avez pas subi de traumatismes au cours de votre naissance et cela vous évite un tas d'émotions inutiles. Rien ne saurait vous empêcher de poursuivre une vie heureuse ensemble.

CHAPITRE 12

Physionomie

Selon William Sheldon, la physionomie révèle plusieurs aspects de la personnalité. Au cours de ses recherches, ce psychologue a pu établir un lien entre la structure du corps humain et le caractère. Les trois composantes, endomorphe (rondeur), mésomorphe (musculature), et ectomorphe (longueur) se retrouvent chez tous les individus, bien que l'une d'entre elles domine le plus souvent. Par exemple, une personne ne peut être purement endomorphe; les qualités ectomorphe et mésomorphe sont alors secondaires.

Effectuez le jeu suivant afin de déterminer votre type de physionomie. Répondez honnêtement! Ne choisissez pas la réponse qui décrit la personne que vous aimeriez être, mais celle qui est la plus appropriée. Pour éviter ce genre d'inexactitudes, certaines personnes préféreront que leur partenaire réponde à ces questions à leur place.

1. Votre corps est:
A. Doux et arrondi
B. Dur et musclé
C. Long et mince

2. Votre tête est:
A. Large et ronde
B. Large et anguleuse
C. Petite ou allongée

3. Votre cou est:
A. Court
B. Large
C. Long et mince

4. Votre torse est:
A. Plus large vers le bas (abdomen proéminent)
B. Large et musclé (abdomen plat)
C. Étroit et plat (court si on le compare avec les bras et les jambes)

5. Vos bras sont:
A. Arrondis
B. Musclés
C. Longs et minces

6. Vos mains ont:
A. un poignet fin et les doigts courts
B. un poignet large et les doigts noueux
C. un poignet mince et les doigts fins

7. Vos jambes sont:
A. Charnues
B. Musclées
C. Minces (le mollet est plus long que la cuisse)

8. Vos cheveux sont:
A. Fins
B. Drus
C. Fins et touffus

9. Votre peau est:
A. Pâle et grêlée, ou rose et douce
B. Hâlée
C. Fine (sensible, sèche ou grasse)

Notez le nombre de fois où vous avez encerclé la même lettre.

Personne 1	————	————	————
	A	B	C
Personne 2	————	————	————
	A	B	C

La plupart de vos choix se regrouperont probablement autour d'une lettre. Si vos réponses se répartissent également entre les trois lettres, indiquez votre premier choix. C'est le plus révélateur. Combinez les lettres dominantes et trouvez le profil correspondant. Vous pouvez également combiner les composantes secondaires. Par exemple, si l'un d'entre vous récolte 6 A et 3 B, et que l'autre récolte 4 A et 5 B, la première combinaison sera A-B. Toutefois, la personne 1 a une composante secondaire B, et la personne 2, une composante secondaire A; jetez un coup d'œil sur les combinaisons B-C et A-A, ainsi que B-A, qui vous fourniront d'autres indices, en tenant compte de votre caractéristique la moins dominante.

Personne 1	Type	Personne 2
————	A	————
————	B	————
————	C	————

A/A	4

Les A s'amusent toujours ferme entre eux. Vous êtes des hédonistes, toujours à l'affût de nouveaux plaisirs considérant qu'il ne vaut pas la peine de souffrir, ni même de travailler alors qu'on peut profiter de la vie. Vous aimez tout ce qui contribue à votre bien-être, aussi vous livrez-vous à de joyeuses agapes et à des ébats amoureux sans éprouver le moindre sentiment de culpabilité. Le confort est également une de vos priorités. Vous aspirez à mener une vie paisible et sans heurts.

Jouissant d'une grande stabilité émotive, vous exprimez facilement vos sentiments (sans vous retenir de pleurer ou de rire) et généralement, vous êtes assez calmes. Vous êtes patient, mais ne masquez pas votre mécontentement lorsqu'il surgit. Au contraire, vous discutez du problème immédiatement afin de retrouver la paix au plus vite.

En général, les gens vous tiennent à cœur, et il vous est facile d'établir un lien privilégié avec une personne qui vous plaît. Les A sont des partenaires particulièrement tendres et loyaux. Il est peu probable que l'un ou l'autre désire rompre un jour, car vous vous engagez généralement à long terme. Vous n'aimez pas particulièrement le changement, et au fond, un partenaire différent ne vous dirait rien. Vous vous contentez de préserver l'intimité que vous partagez déjà; c'est plus rassurant. Vous avez l'esprit pratique et les pieds sur terre. Vous croyez que le partenaire idéal n'existe pas... seulement quelqu'un qui vous comprenne et qui vous accepte tel que vous êtes.

Vous aimez être entouré de gens et appréciez les fêtes et les réunions. Vous ne craignez pas les foules; en fait, vous adorez cela. Vous feriez n'importe quoi pour éviter d'être seul. Vous aimez partager avec les autres. L'idée de manger ou de boire seul vous répugne, et vous vous assurez toujours d'avoir de la compagnie au moment des repas et le plus d'amis possible.

Vous êtes toutefois extrêmement possessifs, exigeant de votre partenaire une présence presque continuelle. Deux A peuvent s'aimer énormément et ne pas s'épanouir individuellement. Vous êtes tous les deux conservateurs et vous vous accrochez aux traditions. L'idée d'un changement suscite un malaise; vous préférez un cadre familier, que ce soit en ce qui concerne les gens, les comportements ou les idées. Vous avez tendance à vous conformer, ce qui n'améliore rien, suivant les autres sans jamais prendre d'initiative. Aussi longtemps que vous serez ensemble, les traits que vous avez en commun s'approfondiront et il est peu probable que vous parveniez à vous épanouir. Cependant, il ne fait aucun doute que vous formerez un couple uni et fort, aimant goûter à tout.

A/B   **3**

Vous êtes très différents l'un de l'autre, mais cela ne ne vous empêche pas de former un duo intéressant. A veillera néanmoins à ne pas devenir trop dépendant afin de laisser respirer B. Si A s'attend à ce que B soit toujours à ses côtés, il sera déçu. Contrairement à A qui craint la solitude, B n'a pas constamment besoin de compagnie.

Vous ne consacrez pas vos temps libres aux mêmes activités. Alors que A est horrifié à l'idée d'aller au gymnase ou de gravir une montagne, B aime bien faire de l'exercice. Il ne saurait se contenter de rester à la maison, car il a besoin de s'engager socialement, de prendre des risques et de courir l'aventure. A devrait accepter les besoins de B; en le pressant de renoncer à ses activités, il provoquera son mécontentement.

Tandis que A exprimera aisément ses émotions, B lui dira rarement «je t'aime», préférant donner des témoignages de son affection en lui offrant des cadeaux ou en lui faisant plaisir. De son côté, A évitera les grands discours qui risquent d'ennuyer B.

On pourra en déduire que A devrait consentir à des compromis plus souvent qu'à son tour. C'est vrai. B est têtu et refuse de changer sa façon de voir. Heureusement, la nature généreuse de A lui permet de céder aux volontés de son partenaire, ce qui pourra sauvegarder leur union. A étant naturellement plus passif, il lui importera peu que B le domine. En apparence, c'est B qui semble profiter le plus de la situation, mais il faut reconnaître que A reçoit beaucoup en retour. Énergique et ambitieux, B connaîtra également le succès en affaires et sera un excellent pourvoyeur permettant à A de vivre dans le luxe et le confort (ce qui est important pour un A). De plus, B écartera l'ennui qui risquerait de s'installer dans la vie de A. Au début, celui-ci pourra se montrer réticent à rencontrer une foule de gens et à vivre de nouvelles expériences, mais il découvrira peu à peu combien ces rencontres enrichissent sa vie.

A/C 1

Vous êtes à l'opposé l'un de l'autre. C a tendance à voir la vie avec pessimisme, alors que A affronte chaque journée en souriant. Tandis que A adore converser avec des amis, C préfère méditer. C est nerveux et tendu, alors que A est calme.

La liste est encore longue. C aime que tout se fasse vite et ne veut pas perdre de temps à manger, à dormir, à marcher, à parler et même, à faire l'amour. C'est tout le contraire de A qui, sensuel et langoureux, aime savourer chaque moment et prolonger le plaisir.

En société, vous êtes encore très différents. C aime rester seul avec ses pensées et il est porté à fuir les fêtes ou les événements qui rassemblent beaucoup de gens. A est au contraire très mondain; quand il est seul, il est malheureux. Il recherche donc continuellement les occasions de sortir.

Vous ne serez pas toujours sur la même longueur d'onde... et cela est peut-être mieux ainsi. Ayant tous les deux tendance à dépasser la mesure, vous trouverez ensemble un certain équilibre apprenant à faire des compromis et à concilier vos intérêts. Par exemple, A pourra s'inspirer de C en s'accordant du temps pour réfléchir. De son côté, C s'ouvrira davantage, s'employant à développer sa sensualité et à cultiver l'hédonisme, ce qui ne l'empêchera pas de donner des trucs à A pour qu'il sache mieux gérer son temps.

A évitera d'insister pour que C prenne part à des activités sociales. Cela ne ferait que l'inciter à s'isoler davantage et à fuir A et ses amis. Celui-ci dira seulement qu'il est toujours le bienvenu, sans poser de questions ni exercer de pressions. Il allégera son carnet mondain pour passer plus de temps avec son partenaire, l'incitant de cette manière à accepter plus souvent ses invitations.

Au lieu de lui reprocher sa frivolité, C devrait comprendre que A n'aime pas la confrontation et qu'il fera tout pour l'éviter. Cela ne veut pas dire que rien ne compte pour lui. En réalité, A est profondément attaché aux gens et particulièrement à C. C'est seulement en étudiant les attitudes de son partenaire qu'une personne pourra deviner ses besoins et comprendre ses différences.

B/B   4

L'excitation et l'enthousiasme imprégneront votre relation. Vous êtes aussi actifs que téméraires et toujours disposés à relever des défis. Un partenaire moins semblable à vous ne comprendrait pas votre besoin effréné d'explorer de nouveaux horizons et de développer vos talents. Vous vous encouragerez mutuellement à vous réaliser, étanchant votre soif de voyage et visitant des lieux où vous ne seriez jamais allés l'un sans l'autre.

On trouvera que vous avez de la chance. Non seulement êtes-vous engagés dans des activités stimulantes, mais vous tirez bien votre épingle du jeu également au travail. Vous êtes des meneurs, hantés par l'idée de réussir. Il n'est pas surprenant de voir B gravir rapidement les échelons et de parvenir au sommet. S'il est seul, B parvient très bien à ses fins, mais en compagnie d'un autre B, il va encore plus loin. Ensemble, ils mèneront exactement la vie qu'ils désirent, accumulant probablement plus de biens et d'articles de luxe que la plupart des gens.

Est-ce à dire que votre relation sera parfaite? Pas tout à fait. Vous subirez des problèmes comme tout le monde. Par exemple, la compétition pourra vous éloigner l'un de l'autre. Vous êtes des meneurs et vous n'aimez ni l'un ni l'autre céder les commandes. Les problèmes commenceront quand vous vous retrouverez dans une situation où un seul d'entre vous devra prendre une décision. Il vous sera difficile de partager le pouvoir. En fait, vous vous querellerez souvent. Déterminés à remporter la victoire, vous rechercherez les affrontements.

En outre, vous ne communiquez pas suffisamment. Et comme vous ne vous exprimez pas tellement avec les mots, évitant de discuter des choses importantes, cela suscitera des malentendus entre vous. Vous ne videz jamais la question, et à la longue, cela vous écarte l'un de l'autre. Vous êtes très occupés. Il y a toujours quelque chose à faire et ce n'est pas l'ennui qui vous guette. Toutefois, même un B a ses limites. Peut-être consacrez-vous trop de temps et d'énergie aux clubs, aux associations, aux sports ou à un passe-temps en particulier, et pas assez à votre relation. Personne ne tiendrait le coup dans de telles conditions. Vous devriez essayer de passer plus de temps ensemble.

B/C   **5**

Vous vous entendez on ne peut mieux. Vous vous complétez généreusement, ce qui assure l'équilibre et l'unité de votre association, car vous comblez ainsi vos lacunes individuelles. Vous représentez bien la dichotomie du corps et de l'esprit. Alors que B a tendance à négliger son côté intellectuel, préférant s'occuper d'activités physiques, C est exclusivement cérébral et les idées passent pour lui avant les sentiments ou l'action. Il est toujours perdu dans la contemplation, si bien qu'il ne fait rien d'autre. En compagnie de B, il commencera à bouger et à réaliser ses rêves. En revanche, il aidera son partenaire à réaliser que la santé mentale va de pair avec la santé physique et l'incitera à cultiver son intellect.

D'une nature réservée, C a régulièrement besoin de se retrouver seul. Cela ne change rien à l'attachement qu'il éprouve; il doit pouvoir s'échapper dans son propre univers. Contrairement à d'autres personnes qui se sentiraient menacées devant un tel comportement, B n'éprouve pas d'inquiétude. Il sera parfaitement heureux d'accommoder C et d'ailleurs, l'idée de vivre chacun de son côté de temps à autre ne lui déplaît pas. B lui-même participe à plusieurs activités qui sont dénuées d'intérêt pour C. Tous deux devraient tout de même s'assurer de passer du temps ensemble.

C est le partenaire qui retire le plus de cette association. Avec son esprit d'aventure et son tempérament audacieux, B favorise l'épanouissement de sa personnalité. S'il n'était pas dans le décor, C deviendrait tellement craintif et inhibé qu'il raterait de nombreuses occasions de s'ouvrir. Celui-ci subit également des poussées d'énergie intenses mais brèves qui lui font commencer plusieurs projets sans jamais les finir. B jouit au contraire d'un caractère plus stable qui aura des répercussions heureuses sur le comportement de son partenaire. Ce dernier a beau être un solitaire, il est particulièrement attentif à l'humeur et aux besoins des gens.

C/C   **3**

Grâce à vos similitudes, vous formez un couple à part. Ayant su tous deux développer vos capacités intellectuelles, vous vous enrichissez mutuellement. D'autres pourraient vous juger trop cérébral, mais un autre C appréciera vos talents et s'empressera de vous donner la réplique. Vous aimez apprendre et vous vous encouragerez mutuellement à acquérir de nouvelles connaissances. La croissance personnelle occupe donc une place importante au sein de votre relation et vous consacrerez beaucoup d'énergie à vous tenir en forme mentalement.

Vous aurez cependant tendance à négliger votre forme physique. Alors que vous devriez pratiquer au moins une activité physique, vous préférez lire, écouter de la musique ou des émissions éducatives. Même s'il est de mise d'être en santé aujourd'hui, et bien que les individus qui n'y veillent pas soient considérés comme des marginaux, cela n'embête pas les C, qui se comprennent mutuellement.

Par ailleurs, votre sensibilité n'est pas très développée. Selon vous, il n'est pas important d'exprimer ses émotions; ce sont les idées qui comptent et, celles-là, vous les livrez facilement échangeant des propos sur votre quotidien et sur le monde. Le fait que vous soyez peu doués pour exprimer vos sentiments ne constitue pas un problème en soi puisque vous n'aimez pas tellement les démonstrations. Toutefois, il peut vous arriver de constater que vous n'avez rien compris aux sentiments de l'autre. Ce n'est pas entièrement de votre faute puisque votre partenaire vous ressemble comme un frère; cela risque cependant de semer la confusion entre vous.

Comme tous les solitaires, vous aurez parfois besoin de refaire le plein d'énergie. Vous n'aurez pas un grand cercle d'amis, ne considérant pas les relations sociales comme essentielles. Vous vous entendez bien là-dessus.: vous avez chacun quelques amis qui vous sont chers et n'exigerez jamais de votre conjoint qu'il participe à une quelconque activité sociale. Un C comprend mieux que quiconque le besoin de solitude et de paix.

Malgré toute la compréhension qui règne entre vous, vous aurez toutefois à affronter quelques problèmes. Souvent, l'un de vous se sentira insulté ou menacé par l'autre, et s'emportera furieusement contre lui. Vous aurez tendance à ne pas terminer ce que vous avez commencé en raison des chutes d'énergie auxquelles vous êtes sujets et qui vous privent du nécessaire pour aller jusqu'au bout de vos projets. Le stress vous gagnera peu à peu et ne fera qu'accroître la tension de l'autre. Peut-être estimerez-vous que c'est le prix à payer pour être avec quelqu'un qui a des idées formidables, car vous ne souhaiterez jamais mettre un terme à votre relation.

CHAPITRE 13

La couleur des yeux

Certains scientifiques affirment que la couleur des yeux a une certaine influence sur la personnalité. Ils croient en effet que la pigmentation de l'iris est reliée à différentes parties du cerveau et qu'elle agit sur le comportement d'un individu. Par exemple, les personnes qui ont les yeux foncés réagissent plus rapidement et plus intensément aux stimuli que celles qui ont les yeux clairs.

Indiquez la couleur de vos yeux et celle de votre partenaire et lisez le profil qui y correspond.

Personne 1	Couleur des yeux	Personne 2
_____	Bleu ou gris	_____
_____	Brun foncé ou noir	_____
_____	Vert ou noisette	_____
_____	Marron	_____

BLEU OU GRIS/BLEU OU GRIS   4

Quelques conflits pourront vous opposer, mais vous aurez la patience et la détermination de trouver des solutions. L'entêtement est précisément l'un de vos traits de caractère et, malgré les apparences, il n'est pas toujours négatif. Vous refusez généralement d'abandonner la partie et, même en temps difficiles, vous demeurerez unis. Grâce à votre persévérance, vous obtiendrez ce que vous désirez.

Vous êtes romantiques jusqu'au bout des ongles et vous le manifestez à la moindre occasion. La vie semble pour vous un véritable conte de fées. Naturellement, vous détestez la routine et ne supportez pas que les étincelles de la passion ne jaillissent plus entre vous.

Les individus aux yeux bleus ou gris sont sujets aux fluctuations d'humeur. Comme vous avez tous les deux tendance à rechigner, respectez votre partenaire quand il traverse des périodes difficiles et traitez-le comme vous aimeriez qu'il vous traite.

BLEU OU GRIS/BRUN FONCÉ OU NOIR   3

Votre relation connaîtra des hauts et des bas. L'équilibre d'un couple comme le vôtre est fragile, car vous avez tous deux le sang bouillant. Celui qui a les yeux brun foncé ou noirs réagit immédiatement; tandis que son partenaire aux yeux clairs couve sa colère. D'une façon ou d'une autre, vous êtes portés à dire des paroles qui dépassent votre pensée et vous le regrettez toujours. Les disputes se succéderont, suivies de réconciliations, de mises au point, puis de disputes encore. Si vous êtes résolus à vivre ensemble, mettez les choses au clair avant de perdre le contrôle de vos émotions et de vous emporter. Prévoyez des périodes de discussion au cours desquelles vous pourrez résoudre calmement les conflits inévitables entre deux fortes personnalités.

Chacun de nous possède ses particularités. Celui qui a les yeux brun foncé ou noirs aime l'action et l'aventure, alors que l'autre préfère évoluer dans son cadre familier. En vous efforçant d'accepter les besoins de votre conjoint, vous cohabiterez harmonieusement; l'un appréciant le calme de l'autre après une journée au rythme trépidant, et inversement, de son partenaire s'enthousiasmant pour son récit passionné. Chacun apportera donc un petit quelque chose de spécial dans la vie de l'autre.

BLEU OU GRIS/VERT OU NOISETTE | **4**

Votre association comporte autant de points forts que de points faibles. Le partenaire qui a les yeux verts ou noisette, grâce à sa stabilité émotive, équilibre les fluctuations d'humeur de celui qui a les yeux bleus ou gris. Bien que ces sautes d'humeur soient inévitables, elles s'atténueront en compagnie d'un conjoint plus calme.

La personne aux yeux bleus ou gris risque toutefois de dominer son partenaire. Heureusement, étant particulièrement tendre et romantique, celui-ci saura se montrer patient et lui témoignera toute son affection.

BLEU OU GRIS/MARRON | **4**

Vous avez le même trait dominant: la détermination. Vous savez ce que vous voulez et vous êtes résolus à l'obtenir. Une fois que vous vous êtes fixés un but, pas question de faire marche arrière. Vous détestez tous les deux les compromis. Pour vous, c'est tout ou rien, et chacun veut tout... à sa façon. Cela ne devrait pas occasionner de problèmes puisque vous avez les mêmes projets. Toutefois, dans le cas contraire, vos divergences pourraient constituer un obstacle entre vous. Si vous souhaitez que votre relation dure, vous devrez apprendre à faire des compromis et à négocier équitablement.

Autrement, vous vous complétez de façon admirable. Celui qui a les yeux bleus ou gris étant plutôt conformiste, en compagnie d'un partenaire moins conventionnel, il apprendra à se détendre et à se montrer plus créatif. D'autre part, son côté méticuleux et son goût pour la stabilité inciteront la personne qui a les yeux marron à gérer convenablement sa vie. Misez autant que possible sur vos forces individuelles. Par exemple, la personne aux yeux bleus ou gris étant ordonnée et logique, elle se concentrera sur les détails, alors que celui qui a les yeux marron fera son bonheur en semant la joie et la fantaisie dans son quotidien. Un petit effort, et cette relation fera ressortir tous vos bons côtés.

BRUN FONCÉ OU NOIR/BRUN FONCÉ OU NOIR   1

Il est peu probable que vous vous ennuyiez ensemble. Vous êtes des êtres passionnés et vous vous donnez entièrement lorsque vous vous engagez à servir une cause. Vous n'aimez pas demeurer à l'écart et vous ne loupez aucune activité ou aucun événement. Vous disposez d'une énergie qui vous permet de partir fréquemment à l'aventure et d'en tirer plus de plaisir que la plupart des couples. Vous ne vous embêtez jamais. Peu importe le temps que durera votre relation, elle sera toujours aussi stimulante.

Vos natures passionnées pourront cependant être à l'origine de nombreux problèmes. Il vous est difficile de vous contrôler, voire impossible. Contrairement à d'autres couples capables de discuter calmement de leurs difficultés, vous réagissez impulsivement et vous vous emportez. Si vous désirez améliorer votre relation, vous devrez apprendre à vous détendre et à ne pas tout prendre au sérieux. Il ne vaut pas la peine de s'attarder au moindre détail, et les questions importantes se résolvent toujours dans le calme et d'une façon rationnelle. Lorsque vous vous querellez, tâchez d'être loyal envers l'autre, et évitez de l'attaquer personnellement.

BRUN FONCÉ OU NOIR/VERT OU NOISETTE   5

Considérez-vous heureux d'être ensemble. Votre union vous comblera en plus de mettre en valeur toutes vos aptitudes. La personne qui a les yeux brun foncé ou noirs est d'une nature pétillante, tandis que celle qui a les yeux verts ou noisette évolue dans le calme. Ainsi, la première abordera la vie avec plus de douceur, évitant de s'épuiser au travail et à la maison, tandis que l'autre tirera avantage du piquant de son partenaire. Vous apprécierez l'excitation et l'enthousiasme provoqués par le partenaire aux yeux brun foncé ou noirs, ou encore, l'influence apaisante de celui qui a les yeux verts ou noisette et son habileté à intervenir au bon moment.

Le couple dont les partenaires ont les yeux verts ou noisette est le seul qui communique aussi bien que vous. Les couples qui ont des partenaires aux yeux brun foncé ou noirs, ou encore, verts ou noisette, ont le don remarquable de partager leurs pensées et leurs sentiments. En général, la personne qui a les yeux brun foncé ou noirs est d'une grande générosité et s'exprime ouvertement, davantage en présence d'un partenaire aux yeux verts ou noisette, celui-ci se montrant sincère et attentif.

BRUN FONCÉ OU NOIR/MARRON 3

Parce que vous formez un duo électrisant, attendez-vous à vivre des moments stimulants et des événements imprévisibles. Grâce à vos natures dynamiques, votre relation ne sombrera jamais dans la monotonie. Les nouvelles expériences, les aventures et l'exotisme peupleront votre horizon. Il est peu probable que l'intérêt envers votre partenaire diminue, car chacun mène déjà une vie excitante et dominée par le plaisir. Vous êtes tous les deux persuadés que le monde fourmille de possibilités de s'amuser et vous êtes bien déterminés à en profiter.

Cette merveilleuse association pourrait néanmoins se révéler désastreuse. Étant doués d'un fort esprit de compétition, vous empiétez inconsciemment sur votre partenaire. Au lieu de vous encourager mutuellement, vous luttez l'un contre l'autre pour devenir le centre d'attraction. Efforcez-vous de protéger l'amitié qui vous unit plutôt que de vous comporter comme des rivaux ou des adversaires. Essayez de ne pas oublier que vous formez une équipe et que vous pouvez construire une relation dont vous serez fiers.

VERT OU NOISETTE/VERT OU NOISETTE 5

Vous avez le potentiel pour vous ménager une vie conjugale tendre et affectueuse empreinte de respect mutuel et d'admiration pour l'autre. Vous avez de la compassion et savez deviner les sentiments de votre conjoint. Votre nature compréhensive et votre capacité d'écoute facilitent la communication. Il est rare que vous gardiez un secret; vous vous confiez l'un à l'autre beaucoup plus facilement que ne le font la plupart des couples. Vous savez que vous pouvez compter sur votre partenaire, car il a le sens de la justice et il est, comme vous, un être loyal et intègre.

Bien que vous soyez à l'abri des conflits d'amoureux, veillez à ne pas perdre votre individualité. Cultivez des liens avec d'autres gens ainsi que d'autres intérêts. Il est naturel que vous souhaitiez passer le plus de temps ensemble, mais cela ne devrait pas se faire au détriment de vos amitiés. Élargissez votre horizon social pour intégrer le plus de gens et d'expériences dans votre vie.

VERT OU NOISETTE/MARRON   4

Votre association vous permettra de vous épanouir complètement. La personne qui a les yeux verts ou noisette est en effet capable de fournir la sécurité émotive propre à encourager un individu qui a les yeux marron et pourra ainsi l'aider à se réaliser. Sachant qu'il peut compter sur son appui inconditionnel, il se sentira libre d'explorer et d'expérimenter à sa guise. Bien que la personne qui a les yeux verts ou noisette ne soit pas de nature aventureuse, le fait de côtoyer un esprit libre l'incitera probablement à prendre des risques et à changer. Avec un autre partenaire, elle aurait tendance à s'ennuyer, alors qu'avec un individu aux yeux marron, elle s'épanouira.

Si vous formez un couple aussi bien assorti, vous savez déjà combien cette relation est satisfaisante. Cependant, la personne aux yeux verts ou noisette étant très liée à son partenaire, elle ne se sentira vraiment bien qu'en sa présence. Beaucoup plus solitaire, l'individu aux yeux marron pourra donc se sentir étouffé si on ne lui accorde pas assez d'espace. Cela ne signifie pas qu'il refusera de s'engager, mais il aura besoin de plus de liberté et de solitude que sa compagne aux yeux verts ou noisette. À condition que celle-ci accepte la situation sans éprouver un sentiment de trahison devant le caractère indépendant de son partenaire, la relation pourra se maintenir et durer.

MARRON/MARRON 2

Vous êtes loin d'être des jumeaux identiques même si vous avez les yeux de la même couleur. Vous êtes des individualistes, connaissez votre nature et faites preuve d'une grande honnêteté envers vous-même. L'anticonformisme est le principal trait que vous avez en commun. Vous cultivez votre style personnel et les autres vous considèrent comme un couple des plus intéressants.

Vos différences et le refus de perdre votre propre identité vous aident à préserver la fraîcheur au sein de votre relation, et vous procurent une bonne dose de stimulation. Toutefois, ces caractéristiques peuvent intervenir de façon négative et enrayer votre capacité de former une véritable union. Vous avez tendance à agir séparément, comme des individus qui jouent ou travaillent côte à côte, mais pas ensemble. Essayez de partager les choses qui vous tiennent à cœur au lieu de mener une vie où vous vous rencontrez presque par hasard. Vous pouvez préserver votre individualité tout en apprenant de l'autre et en vous épanouissant à ses côtés.

CHAPITRE 14

Les mains

L'étude de la main consiste à interpréter les lignes et les marques qui apparaissent dans la paume. Il existe trois lignes principales (vie, tête, cœur) qui révèlent chacune plusieurs traits de caractère d'une personne. En observant vos mains et en les comparant avec celles de votre partenaire, vous apprendrez beaucoup sur la façon de vous comporter ensemble.

Les trois lignes principales sont très visibles comme vous pouvez le constater en examinant vos paumes. Toutefois, en les enduisant de farine ou de poudre, elles deviendront encore plus apparentes. Vous pouvez également utiliser une loupe ou encore, relever l'empreinte de votre main et la comparer avec celle de votre partenaire. Pour relever une empreinte qui pourra vous servir si vous voulez approfondir l'étude des lignes de la main, déposez un peu d'encre au fond de votre paume. Les droitiers choisissent habituellement la main gauche, et vice versa. Attendez que l'encre soit presque sèche, et posez votre main sur une feuille blanche.

Ligne de vie

Contrairement à la croyance populaire, la ligne de vie n'indique ni la durée de la vie d'un individu ni l'heure de sa mort, mais révèle plutôt sa vitalité et son degré d'engagement dans son existence. Regardez l'illustration suivante pour savoir à quoi ressemble une ligne de vie. Voyez comme elle se dessine nettement autour du pouce, encerclant celui-ci pour se terminer au poignet. Si telle est votre ligne de vie, vous êtes du type standard. Lisez les profils suivants et comparez vos réponses.

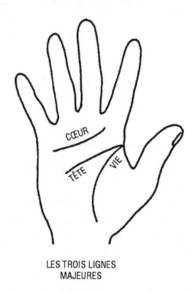

LES TROIS LIGNES
MAJEURES

Foncée
Profondément marquée dans le creux de la main.

Pâle
La ligne est à peine visible.

Mont de Jupiter
La ligne débute à la base de l'index.

Mont de Neptune
La ligne se termine au poignet, vis-à-vis de l'auriculaire.

Fourchue
La ligne se divise en plusieurs branches dès sa naissance (près du pouce) avant de former une ligne principale.

Divisée ou brisée

La ligne donne naissance à plusieurs branches, s'interrompt plusieurs fois et se termine sur le poignet.

Courte

La ligne ne se rend pas à la base de la paume.

Jointe

Les lignes de vie, de tête et de cœur partent du même point.

Quel type de ligne de vie avez-vous?

Personne 1	Type	Personne 2
_____	Standard	_____
_____	Foncée	_____
_____	Pâle	_____
_____	Jupiter	_____
_____	Neptune	_____
_____	Fourchue	_____
_____	Divisée ou brisée	_____
_____	Courte	_____
_____	Jointe	_____

LIGNE DE VIE
STANDARD

LIGNE DE VIE
PÂLE

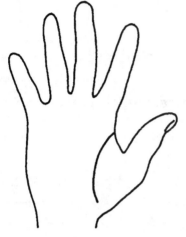

LIGNE DE VIE
FONCÉE

LIGNE DE VIE
MONT DE JUPITER

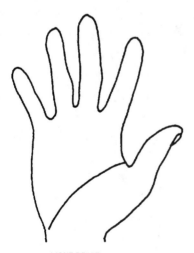

LIGNE DE VIE
MONT DE NEPTUNE

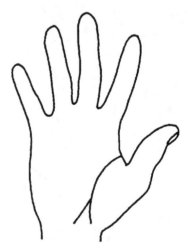

LIGNE DE VIE
DIVISÉE

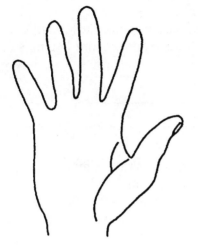

LIGNE DE VIE
FOURCHUE

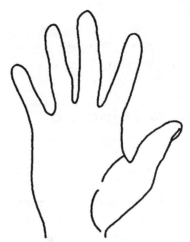

LIGNE DE VIE
BRISÉE

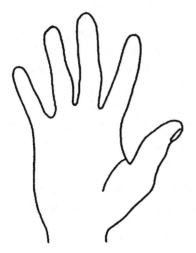

LIGNE DE VIE
COURTE

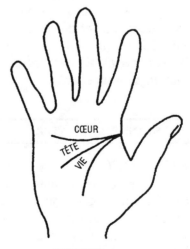

LIGNE DE VIE
JOINTE

STANDARD/STANDARD 5

Vous avez tous les deux une vision saine de la vie. Vous aimez être actifs, mais vous savez également prendre le temps de vous détendre.

STANDARD/FONCÉE 3

La personne du type standard réussira à s'entendre avec l'individu qui a une ligne de vie foncée, mais à la longue, elle risque de s'épuiser, son partenaire ne faisant pas les choses à moitié. Au début, cela sera intéressant, puis elle se lassera de ses excès et battra en retraite.

STANDARD/PÂLE 4

Le premier aidera son partenaire à s'engager davantage dans la vie en l'encourageant graduellement à tenter de nouvelles expériences et deviendra pour lui un excellent modèle. S'il a la patience d'accepter les hésitations de son partenaire et si ce dernier lui fait assez confiance pour prendre des risques, leur relation sera un succès.

STANDARD/JUPITER 3

Il y aura des conflits entre vous, mais vous devriez pouvoir les surmonter. Le jupitérien veut toujours mener, alors que le standard est réticent à suivre. Mais celui-ci a ses propres idées et se montre moins passif que ne le souhaiterait son partenaire. Ce dernier devra donc renoncer à tout contrôler et lui proposera un rapport d'égalité s'il désire une relation heureuse.

STANDARD/NEPTUNE   4

Le neptunien vous entraînera dans des aventures agréables. Vous éprouverez en effet beaucoup de plaisir à fréquenter de nouvelles personnes, à visiter des lieux différents et à échanger des idées. Toutefois, l'individu qui a une ligne du type standard aime établir des racines, alors que le Neptunien est constamment en mouvement. Apprenez à faire des compromis si vous souhaitez satisfaire vos besoins mutuels.

STANDARD/FOURCHUE   5

Vous êtes parfaitement bien ensemble car vous espérez beaucoup de la vie, mais sans en faire une obsession. Vous vous encouragez mutuellement et vous avez la capacité d'accepter tout changement qui pourrait survenir.

STANDARD/DIVISÉE OU BRISÉE   2

Bien que la personne qui a une ligne de type standard ait beaucoup de vivacité, elle risque de ne pas être préparée à affronter les perturbations que son partenaire provoquera dans sa vie. Si vous restez ensemble, vous devrez développer des stratégies pour éviter le stress, car le comportement imprévisible et les décisions impulsives de la personne qui a une ligne de vie divisée ou brisée entraîneront souvent des changements subits.

STANDARD/COURTE   1

La joie de vivre de la personne qui a une ligne de vie standard sera utile contre la morosité de son partenaire. Ce dernier ne peut cependant pas s'attendre à ce qu'elle passe son temps à le distraire et devra se motiver personnellement et trouver le moyen d'apprécier la vie. Même s'il a plusieurs inquiétudes au sujet de sa santé, il devrait tout de même faire l'effort de développer une attitude positive.

STANDARD/JOINTE	4

Vous mènerez une vie excitante ensemble, mais le partenaire dont la ligne de vie est jointe risque de vous entraîner dans des situations désastreuses. Heureusement, la personne qui a une ligne de vie standard est douée d'un jugement sûr et elle refusera fermement d'être impliquée dans des situations douteuses.

FONCÉE/FONCÉE	4

Le couple formé de partenaires qui ont chacun une ligne de vie foncée mènera une vie active et des plus intéressantes. L'énergie des partenaires se décuplera lorsqu'ils seront ensemble, car ils seront toujours prêts à relever de nouveaux défis. Seule ombre au tableau: ils auront tendance à sacrifier la chaleur et la communication dans leur course effrénée pour réaliser leurs rêves.

FONCÉE/PÂLE	1

Vous êtes complètement à l'opposé l'un de l'autre. La personne qui a une ligne pâle se contente d'observer les événements alors que son partenaire aime occuper la scène. Évidemment, il ne sera pas facile de concilier la vie active de l'un avec l'esprit casanier de l'autre. Chacun aura besoin de se réserver un espace où l'autre ne pourra mettre les pieds.

FONCÉE/JUPITER 4

Vous êtes tous les deux dotés d'une nature ambitieuse et active. En général, vos rapports seront satisfaisants. Toutefois, votre esprit de compétition pourra vous empêcher de devenir les partenaires tendres et aimants que vous souhaiteriez être. Oubliez votre horaire chargé afin de discuter de vos sentiments les plus profonds. Rappelez-vous qu'il existe déjà suffisamment de problèmes dans le monde; la compassion, l'entraide et l'honnêteté seront indispensables à votre épanouissement.

FONCÉE/NEPTUNE 5

Puisque vous n'êtes ni l'un ni l'autre conformiste, il vous plaira d'expérimenter des situations qui n'ont rien d'orthodoxe. Lorsque l'un d'entre vous sera tenté par quelque chose, l'autre ne résistera pas à la tentation de l'essayer. Vous avez tous deux assez confiance en vous pour abandonner les vieilles méthodes et expérimenter tout ce qui est nouveau.

FONCÉE/FOURCHUE 5

La personne qui a une ligne de vie fourchue mène une vie satisfaisante lorsqu'elle est seule, mais elle gagnera à partager sa vie avec un partenaire ayant une ligne de vie foncée. Grâce à sa nature calme et plus réservée, il sera pour elle un bon compagnon. Ayant tous deux beaucoup d'entrain, vous vous épanouirez ensemble et formerez un duo équilibré.

FONCÉE/DIVISÉE OU BRISÉE   4

On ne peut rien prévoir avec un partenaire qui a une ligne de vie divisée ou brisée. Cependant, la personne qui a une ligne foncée aime l'aventure et apprécie les nouvelles expériences; aussi devrait-elle pouvoir s'adapter aux changements que propose son partenaire. Chacun devrait donc s'efforcer d'établir un rituel de vie, ce qui aura simplement pour effet d'équilibrer leur relation. Vous sentirez que vous pouvez compter l'un sur l'autre si vous parvenez à inscrire quelques petites habitudes dans votre quotidien.

FONCÉE/COURTE   1

Vous formez un couple enclin à demeurer distant émotivement. La personne qui a une ligne de vie courte manque d'énergie, ce qui pourra inciter son partenaire à se tourner vers d'autres individus et à provoquer chez elle un sentiment d'abandon et le besoin d'être épaulée ou réconfortée. Prenez le temps d'exprimer vos sentiments afin d'éviter de vous comporter comme des étrangers plutôt que comme des amis et des amants. Même si l'autre vous déçoit à l'occasion, parlez-lui toujours sur un ton affectueux.

FONCÉE/JOINTE   2

Soyez prudents. Vous risquez de mener un train d'enfer si vous ne prenez pas conscience de vos décisions impulsives. Des gestes précipités risquent en effet de détruire votre union. Apprenez à dire non à ce qui pourrait vous causer du tort et ébranler l'amour et la confiance que vous vous portez. Vous pouvez parfaitement mener une vie satisfaisante sans participer à tout ce qui se présente; il est préférable d'éviter certaines expériences.

PÂLE/PÂLE 1

À moins de faire un effort gigantesque pour susciter votre enthousiasme et relever des défis, votre relation ne sera pas des plus palpitantes. Évitez de rester ensemble seulement parce qu'il vous en coûterait trop de chercher un autre partenaire. Votre relation mérite d'être plus valorisante. Encouragez-vous à prendre une part plus active et à diversifier vos occupations et vous aurez ainsi plus de choses à partager.

PÂLE/JUPITER 5

Même si votre association paraît équilibrée dans l'ensemble, elle favorisera néanmoins la personne qui a une ligne pâle. Cette dernière sera motivée par la nature ambitieuse du Jupitérien qui, tout en l'incitant à s'engager davantage dans la vie, l'entraînera à prendre des décisions et à se fixer des objectifs. Pour sa part, le Jupitérien appréciera qu'elle ne le presse pas de demandes, car il mène déjà une vie exigeante.

PÂLE/NEPTUNE 3

Tout ira bien si le Neptunien réussit à inciter son partenaire à coopérer et à prendre quelques risques dans la vie. À condition que la personne qui a une ligne de vie pâle se décide à voyager et à expérimenter de nouveaux modes de vie, l'harmonie s'installera entre eux. Mais si elle s'entête à mener une vie terne à force d'être passive, le Neptunien recherchera un partenaire avec qui il peut s'épanouir.

PÂLE/FOURCHUE   5

Une personne dont la ligne de vie est fourchue conviendra bien à un individu qui a une ligne de vie pâle, celui-ci n'ayant d'autre choix que de devenir plus actif et plus engagé. Elle lui apportera en outre la vitalité et l'enthousiasme propres à l'inciter à participer à une foule d'expériences qu'il aurait ratées autrement. D'autres personnes succomberaient au découragement à l'idée de motiver constamment son partenaire, mais l'énergie débordante de la personne dont la main présente une ligne de vie fourchue lui permet de le faire dans la joie.

PÂLE/DIVISÉE OU BRISÉE   1

C'est une association fragile. L'individu dont la ligne de vie est pâle manque d'entrain pour affronter tous les changements que provoque la personne qui a une ligne divisée ou brisée. Pour sa part, celle-ci a besoin d'un partenaire capable de s'adapter à n'importe quelle situation. Pour votre bien-être mutuel, il faudra aider le partenaire qui a une ligne pâle à décupler son énergie physique et mentale. Ceci aidera également la personne dont la ligne de vie est divisée ou brisée à développer une attitude positive et à demeurer en santé afin de relever tous les défis.

PÂLE/COURTE   1

La personne qui a une ligne de vie courte épuisera souvent les réserves, déjà limitées, de son partenaire. Ce dernier aura de la difficulté à satisfaire ses propres besoins et réussira plus ou moins à prendre soin de quelqu'un d'aussi fragile physiquement, ou émotivement. Afin que votre union tienne le coup, vous devrez tous les deux acquérir la force nécessaire pour affronter la vie. Établissez-vous un réseau d'amis et de parents qui pourront vous aider si la situation se corse.

PÂLE/JOINTE   5

Aussi curieux que cela puisse paraître et en dépit de vos différences, votre association vous favorisera l'un et l'autre. La réserve naturelle de celui qui a une ligne pâle apaisera l'individu dont la ligne de vie est jointe. L'agitation et l'impulsivité qui caractérisent ce dernier seront tempérées par le refus de l'autre à se lancer dans des aventures périlleuses. Mais la nervosité de celui qui a une ligne de vie jointe ne pourra jamais être complètement neutralisée; il incitera donc son partenaire à être plus spontané et à prendre lui aussi des risques raisonnables.

JUPITER/JUPITER   1

Les conflits seront nombreux au cours de votre vie commune. Tous deux dotés d'un fort esprit de compétition et étant aussi déterminé l'un que l'autre, faisant fi des conséquences, vous irez jusqu'à vous heurter en essayant de parvenir à vos fins. Vous manquez de patience et de tolérance. Les querelles et les disputes se multiplieront si vous restez ensemble.

JUPITER/NEPTUNE   4

Un partenaire neptunien apportera une bouffée d'air frais dans l'univers du Jupitérien. La priorité du Neptunien est de profiter de la vie et d'explorer le monde, alors que le Jupitérien a tendance à consacrer toute son énergie au travail. Ce dernier commencera peut-être à prendre part à des activités extérieures au monde du travail si son partenaire le guide un peu. Une fois arraché à sa table de travail, le Jupitérien deviendra un excellent compagnon de voyage.

JUPITER/FOURCHUE   5

Cette relation devrait vous combler de joie. Vous mènerez une vie active puisque vous êtes tous deux disposés à relever de nouveaux défis. Un conjoint dynamique est toujours souhaitable pour une personne qui a une ligne de vie fourchue et dont le tempérament est marqué par la vivacité même. Le Jupitérien lui conviendra donc parfaitement, ce dernier ayant besoin d'un partenaire assez fort pour le traiter d'égal à égal sans toutefois se montrer agressif. Il ne fait aucun doute que vous savourerez chaque moment que vous passerez ensemble.

JUPITER/DIVISÉE OU BRISÉE   5

S'adapter à la personnalité imprévisible d'une personne dont la ligne de vie est divisée ou brisée représente une tâche formidable, et le Jupitérien est l'un des rares à pouvoir relever ce défi. L'assurance dont il fait preuve, sa capacité de prendre des décisions et ses talents de conciliateur lui permettent de faire face à toutes les situations. Les individus qui ont une ligne de vie divisée ou brisée peuvent vraiment s'estimer heureux de l'avoir comme partenaire.

JUPITER/COURTE   1

Afin d'éviter que le Jupitérien se sente attaché par son conjoint, ce dernier choisira, ou bien de lui emboîter le pas, ou encore de lui laisser la liberté d'exercer pleinement ses activités. Il vaut la peine d'accepter quelques changements dans sa vie pour demeurer avec un être aussi particulier et aussi dynamique.

JUPITER/JOINTE   5

L'esprit de décision est un des traits les plus remarquables du Jupitérien. Cela ne saurait mieux convenir à la personne qui a une ligne jointe, celle-ci ayant la réputation d'être distraite et étourdie. Le Jupitérien fera en sorte de vous préserver tous les deux contre les situations dangereuses ou simplement embarrassantes.

NEPTUNE/NEPTUNE   5

Qu'est-ce qu'un Neptunien peut souhaiter de mieux que de partager sa vie avec un autre Neptunien? Vous formerez un duo remarquable. Vous partagez le désir de voyager et détestez tous les deux la routine et la monotonie d'un cadre trop familier. D'autres personnes seraient découragées par le besoin de bouger qu'éprouve continuellement un Neptunien. Votre mode de vie n'aura rien de conventionnel et cela vous conviendra à merveille.

NEPTUNE/FOURCHUE   5

Vous formez un couple formidable. L'amour de la vie qui caractérise la personne qui a une ligne de vie fourchue se marie bien avec l'esprit d'aventure qui est le trait principal du Neptunien. Ensemble, vous voyagerez à travers le monde et partagerez une foule d'expériences intéressantes.

NEPTUNE/DIVISÉE OU BRISÉE   2

Un Neptunien dispose de la force nécessaire pour affronter les hauts et les bas que connaît la personne qui a une ligne de vie divisée ou brisée. Toutefois, il est souvent trop occupé à poursuivre ses propres activités pour combler ses différents besoins. Un malaise risque donc de s'installer si la personne qui a une ligne divisée ou brisée se sent négligée ou si le Neptunien doit sans cesse remettre en question ses projets pour la satisfaire. Afin d'éviter les conflits ou de limiter leur impact sur votre relation, prenez toujours l'opinion de votre partenaire en considération, et tenez compte de ses sentiments tout en respectant ses besoins personnels.

NEPTUNE/COURTE	1

Vous établirez une relation satisfaisante seulement si la personne qui a une ligne de vie courte devient plus indépendante. Le Neptunien ne peut être heureux s'il se sent attaché. Son partenaire essayera donc de limiter ses demandes et de satisfaire ses besoins en faisant appel à d'autres gens. Car le Neptunien ne peut tout simplement pas consacrer tout son temps et toute son énergie à une seule personne. Si son partenaire se montre moins exclusif et réussit à se considérer comme son égal au lieu d'être dépendant, tous deux pourront s'épanouir.

NEPTUNE/JOINTE	5

Vous risquez de faire face à des situations qui feront monter en flèche votre taux d'adrénaline et qui mettront du piquant dans votre vie. Vous avez régulièrement besoin d'une bonne dose d'excitation et vous n'aimez ni l'un ni l'autre vous attarder à prendre des décisions éclairées ou à faire des choix trop conservateurs. Vous préférez agir selon l'impulsion du moment, quitte à en supporter les conséquences. La plupart des couples ne pourraient supporter pareil régime. Cependant, ce mode de vie vous convient tout à fait.

FOURCHUE/FOURCHUE   5

Vous avez toutes les chances de votre côté. Vous tenterez une foule d'expériences grâce à la vitalité et à l'assurance dont vous faites preuve. Chacun de vous est capable de mener une vie active tout en consacrant du temps à son partenaire. Vous jouirez d'une excellente communication puisque vous avez l'esprit ouvert et une bonne dose de tolérance. Les couples aussi parfaits sont rares.

FOURCHUE/DIVISÉE OU BRISÉE   4

Les surprises seront inévitables avec une personne dont la ligne de vie est divisée ou brisée et elles ne seront pas toutes agréables. Cependant le partenaire dont la ligne de vie est fourchue jouit d'une excellente santé mentale qui lui permet d'affronter n'importe quelle situation. Il s'amuserait peut-être davantage avec un partenaire différent, mais vous vous entendrez bien si vous choisissez de vivre ensemble.

FOURCHUE/COURTE   3

Une ligne de vie fourchue dénote une personnalité généreuse dont le trait le plus marqué est la compassion. L'individu qui possède une telle ligne de vie fera tous les efforts nécessaires pour satisfaire les besoins de son partenaire lorsqu'il réalisera son manque d'énergie et de détermination. Mais étant donné qu'il n'est pas un saint et que sa bonne volonté a des limites, veillez à ne pas trop lui en demander. Donnez autant que vous recevez et vous serez tous les deux heureux.

FOURCHUE/JOINTE	4

Tout devrait bien aller entre vous. L'individu dont la ligne de vie est jointe peut parfois être exaspérant à cause de sa tendance à se précipiter étourdiment et tête baissée dans n'importe quelle situation. La personne dont la ligne de vie est fourchue saura le contrôler, car elle aime les nouvelles expériences et, comme elle a plus de jugement que son partenaire, elle saura éviter bien des problèmes. Vous mènerez une vie excitante ensemble.

DIVISÉE OU BRISÉE/DIVISÉE OU BRISÉE	1

L'agitation domine habituellement la vie des individus qui ont une ligne de vie divisée ou brisée. Préférant l'action à l'inertie, un couple de ce genre connaîtra une vie très stable ou ira vers la rupture. Vous devrez donc réfléchir avant d'envisager le moindre changement. Changer graduellement accroît la motivation et favorise la croissance personnelle; à fortes doses toutefois, cela prédispose à faire des mauvais choix et à provoquer des désastres. Si vous analysez chaque situation avec soin au lieu de réagir impulsivement, vos rapports seront plus harmonieux.

DIVISÉE OU BRISÉE/COURTE	1

Attendez-vous à vivre des moments pénibles. La personne qui a une ligne de vie divisée ou brisée se préoccupant beaucoup de sa propre vie, elle acceptera difficilement la dépendance d'un partenaire qui a une ligne de vie courte. Ce dernier sera heurté par son manque d'attention et croira même qu'elle ne l'aime pas. Chacun aura besoin de plus de compréhension. Affronter les problèmes est toujours une tâche difficile pour un individu qui a une ligne de vie courte et son partenaire doit y être attentif. Cependant, cela ne le dégage pas de toute responsabilité. Lui aussi devra apprendre à devenir moins dépendant et à se tenir debout tout seul. Votre relation s'améliorera donc à la seule condition que chacun modifie son point de vue.

DIVISÉE OU BRISÉE/JOINTE   5

Vous avez plusieurs traits en commun: tous deux très audacieux, vous aimez prendre des risques et fuyez les situations stables et prévisibles. Ensemble, vous souhaiterez et connaîtrez de multiples changements. À l'occasion, vous éprouverez quelque peine ou malaise en raison de vos choix; ce sera le prix de vos incessantes expérimentations. Assurez-vous toutefois de partager l'effervescence de vos vies agitées afin de ne pas vous perdre de vue.

COURTE/COURTE   1

Vous connaîtrez la tranquillité et le confort, mais votre vie manquera de piquant si vous ne mettez pas au point une stratégie commune pour surmonter le manque de confiance et de vigueur qui vous caractérise. Promettez-vous dès maintenant de développer toutes vos capacités et essayez d'ajouter un zeste d'humour dans votre existence. Par ailleurs, vous deviendrez plus forts en affirmant vos droits et ce sera un bienfait pour votre association.

COURTE/JOINTE   1

Votre relation comporte plusieurs éléments discordants. La personne qui a une ligne de vie courte étant souvent rebutée par ses obligations, elle est portée à s'en détourner et l'individu qui a une ligne de vie jointe en sera d'autant plus affecté qu'il est lui-même porté au découragement. Au lieu d'aider son partenaire, il aura tendance à ruminer ses propres ennuis, en oubliant les besoins de son partenaire. Si vous laissez aller les choses, vous vous éloignerez l'un de l'autre et perdrez le goût de collaborer ensemble. Afin d'éviter cette situation, regardez plus loin que le bout de votre nez et cessez de vous concentrer sur vos problèmes immédiats pour vous intéresser à ceux de votre conjoint. Aidez-le à les résoudre et vous améliorerez beaucoup votre communication.

JOINTE/JOINTE   1

Des partenaires qui ont chacun une ligne de vie jointe et qui poursuivent une idylle verront se décupler leur impulsivité. Pour leur sécurité personnelle et pour l'équilibre du couple, tous les deux devraient envisager les conséquences de leurs gestes avant d'entreprendre une action. Avant de décider quoi que ce soit réfléchissez, considérez les choix qui s'offrent à vous, discutez des avantages et des désavantages et tentez d'arriver à une conclusion rationnelle.

Ligne de tête

La ligne de la tête ou ligne de l'esprit donne des indications sur la façon dont pense une personne. La ligne de tête est parfaitement visible: partant de l'index, elle rejoint la ligne de vie et se termine sous l'annulaire. Elle est remarquable par le fait qu'elle traverse le centre de la paume.

En examinant la paume de votre main et en consultant la liste qui suit, vous déterminerez le genre de ligne de tête que vous avez. Comparez votre ligne avec celle de votre partenaire et voyez si vos styles de vie se marient bien.

Séparée
La ligne est parallèle à la ligne de vie (elle ne rejoint jamais celle-ci).

Courte
La ligne s'interrompt au centre de la paume sous le majeur (au lieu de l'annulaire).

Courbée ou Neptune

La ligne amorce une courbe prononcée vers le bas et se termine au-dessus du poignet directement sous l'auriculaire.

Droite

La ligne traverse la paume en ligne droite, serrant de près la ligne de cœur, et se termine sous l'auriculaire.

Divisée

La ligne se divise en deux avant de rejoindre le centre de la paume.

Fourchue

La ligne se termine en se ramifiant dans plusieurs sens.

Jointe

La ligne demeure jointe à la ligne de vie jusqu'au-delà de l'index et elle est parfois reliée également à la ligne de cœur.

Brisée

Cesse en un point donné et reprend plus loin.

Pâle

À peine visible.

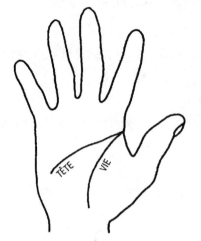

LIGNE DE TÊTE
STANDARD

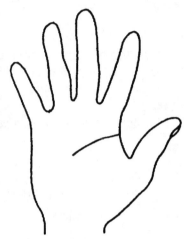

LIGNE DE TÊTE
COURTE

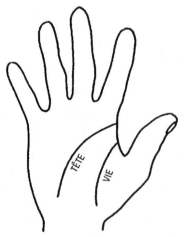

LIGNE DE TÊTE
SÉPARÉE

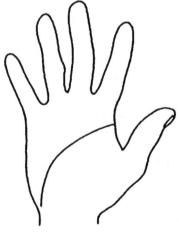

LIGNE DE TÊTE
COURBÉE OU NEPTUNE

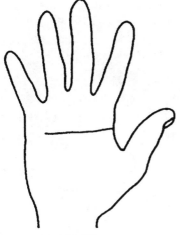

LIGNE DE TÊTE
DROITE

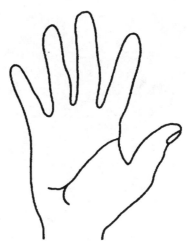

LIGNE DE TÊTE
FOURCHUE

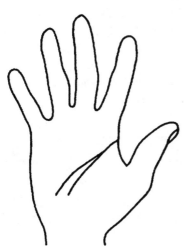

LIGNE DE TÊTE
DIVISÉE

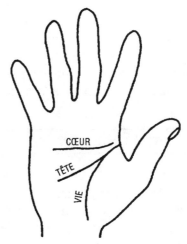

LIGNE DE TÊTE
JOINTE

Quel type de ligne de tête avez-vous?

Personne 1	Type	Personne 2
_____	Standard	_____
_____	Séparée	_____
_____	Courte	_____
_____	Courbée ou Neptune	_____
_____	Droite	_____
_____	Divisée	_____
_____	Ramifiée	_____
_____	Jointe	_____
_____	Brisée	_____
_____	Pâle	_____

STANDARD/STANDARD   **4**

Vous jouissez d'une excellente santé mentale. Vous aimez réfléchir et n'avez aucune patience avec les gens qui ont peu développé leurs facultés mentales. Il ne fait aucun doute que vous aurez une vie intellectuelle active ensemble. Toutefois, votre relation manquera de chaleur parce que vous avez plus de facilité à discuter de vos idées qu'à exprimer vos émotions.

STANDARD/SÉPARÉE   **5**

Vous avez plusieurs points compatibles. L'individu qui a une ligne de tête séparée est un libre penseur qui n'a pas beaucoup besoin d'être appuyé par un partenaire. Il s'entendra bien avec une personne dont la ligne de tête est du type standard et qui ne veut pas d'un compagnon dépendant. Vous aurez donc le loisir de penser à votre guise et respecterez les idées de l'autre.

STANDARD/COURTE 1

Vous devez être conscient de l'insatisfaction qu'éprouvera votre partenaire au cours de cette relation et devrez faire ce qu'il faut pour corriger la situation. La personne qui a une ligne de tête courte peut en effet avoir l'impression qu'on ne lui accorde pas suffisamment d'attention ou d'affection. Cette perception risque de devenir réalité puisque l'individu qui a une ligne de type standard tend parfois à ignorer son partenaire, ne considérant pas celui-ci comme son égal sur le plan intellectuel.

Au début, il appréciera l'amour qu'on lui témoigne sans cesse, mais à la longue l'ambiance lui pèsera. Celui qui a une ligne de type standard devra faire preuve de plus de respect et de tendresse envers son partenaire qui, de son côté, sans cesser de lui exprimer son affection, s'efforcera de le laisser respirer.

STANDARD/COURBÉE OU NEPTUNE 4

En général tout ira bien entre vous. La personne qui a une ligne courbée ou Neptune est plus innovatrice, mais son partenaire apprécie beaucoup cette qualité. Et puisque le Neptunien aspire à trouver quelqu'un qui partage complètement ses talents créatifs, l'individu dont la ligne de tête est standard lui convient parfaitement.

STANDARD/DROITE 3

Votre relation ne sera ni très romantique ni très excitante parce que vous êtes tous les deux trop sérieux et pratiques pour vous laisser aller. Toutefois les frictions ne surviendront pas souvent entre vous. Vous partagez les mêmes idées sur la plupart des sujets et pouvez résoudre instantanément n'importe quel problème en discutant. Le partenaire de type standard souhaitera parfois plus de stimulation intellectuelle; il appréciera la nature pondérée et le bon sens de son partenaire.

STANDARD/DIVISÉE   5

L'individu ayant une ligne de tête divisée représente tout un défi pour le partenaire de type standard qui sera intrigué par ses côtés contradictoires. La personne qui a une ligne divisée manifestera parfois le besoin d'être indépendante, alors qu'en d'autres occasions elle voudra s'appuyer sur un partenaire fort. Elle oscillera donc entre deux modes de vie opposés, un traditionnel et un non conventionnel, et sera toujours une énigme pour son conjoint qui s'amusera à deviner ce qu'elle veut réellement.

STANDARD/RAMIFIÉE   5

Vous êtes idéal l'un pour l'autre: aimant tous les deux apprendre et explorer de nouvelles idées, vous ne pouvez vous empêcher de rechercher des occasions de mettre en valeur vos capacités intellectuelles. Le partenaire qui a une ligne de tête standard, bien qu'il ne soit pas dépourvu de talent, améliorera encore ses performances dans ce domaine en présence de celui qui a une ligne de tête ramifiée. De plus, ayant le don de susciter l'intérêt des autres, il les incitera à collaborer avec son partenaire qui a tendance à demeurer distant.

STANDARD/JOINTE   1

L'individu qui a une ligne de tête jointe tend malheureusement à s'accrocher à des idées reçues. Il trouve difficile de briser le moule dans lequel il a été élevé ou de remettre en question son mode de vie, même si celui-ci est devenu désuet. La personne du type standard a besoin d'un compagnon stimulant, capable d'évoluer et qui sache s'ouvrir à la nouveauté sans crainte de prendre des risques. Elle devra donc être patiente et encourager son partenaire à l'audace.

STANDARD/BRISÉE 2

La vie ne s'écoule jamais paisiblement avec une personne dont la ligne de tête est brisée. Son tempérament imprévisible fera que l'ennui ne s'installera jamais entre les deux conjoints, mais son aptitude déroutante pourra incommoder celui qui a une ligne de tête standard. Car, ne sachant jamais à quoi s'attendre de sa part, il devra développer des techniques contre le stress et les tensions. De son côté, même s'il n'est pas dans ses habitudes de suivre une routine, la personne qui a une ligne de tête brisée veillera à lui faire savoir que la seule constante de sa vie est l'amour qu'elle éprouve pour lui.

STANDARD/PÂLE 2

Si le premier est déterminé, il pourra faire accroître les capacités intellectuelles de son partenaire dont la ligne de tête est pâle. Bien que ce dernier ne soit pas plus intéressé qu'il ne le faut à acquérir des connaissances, le type standard saura l'initier aux plaisirs que procure un esprit actif. Toutefois, si ses efforts ne portent pas fruit, il ne lui servira à rien de poursuivre cette relation, les deux conjoints s'étant montrés trop différents l'un de l'autre pour vivre ensemble en toute harmonie.

SÉPARÉE/SÉPARÉE 2

Parce que vous vous êtes détachés de vos familles, vous serez tentés de reproduire ce comportement dans vos relations. Vous affichant tous deux comme des individualistes, vous aurez tendance à penser à vous plutôt qu'à votre partenaire. Puisque vous ne souhaitez pas vraiment vous rapprocher, le fait de ne pas communiquer intimement ne vous ennuiera pas.

SÉPARÉE/COURTE   1

Vous devrez accepter vos différences. Contrairement à la personne qui a une ligne de tête séparée, l'individu qui a une ligne de tête courte n'est pas intéressé à approfondir ses connaissances. Développer ses facultés intellectuelles ne fait pas partie de ses ambitions, ses préoccupations se concentrent davantage sur le bonheur de son foyer. Au lieu de vouloir transformer son partenaire en un intellectuel, le conjoint respectera et appréciera ses talents. Il réalisera qu'il peut très bien avoir des discussions philosophiques avec d'autres amis. Cependant, si la personne qui a une ligne de tête séparée veut être cajolée, un partenaire qui a une ligne courte est idéal.

SÉPARÉE/COURBÉE OU NEPTUNE   4

Il se peut que vous ne pensiez pas toujours exactement de la même façon, mais vous pourrez établir une complicité certaine. Vous avez tous les deux tendance à consacrer beaucoup de temps à réfléchir, vous valorisez le savoir et vous êtes fiers d'avoir un partenaire qui est votre égal. Vos besoins émotifs toutefois ne constituent pas des affinités entre vous. La personne dont la ligne de tête est séparée peut parfois avoir l'air détaché alors que son conjoint s'efforce de chasser un sentiment de solitude en approfondissant leur relation. Heureusement, le Neptunien est doué d'une créativité riche en émotions qui pourra combler cette lacune.

SÉPARÉE/DROITE   3

Le caractère pragmatique de la personne qui a une ligne de vie droite se reflète sur son mode de pensée; elle est directe. Lorsqu'il lui faut prendre une décision, elle examine simplement les éléments de la question, en évalue les conséquences et choisit ce qui semble être la meilleure solution. Une fois que la décision est prise, elle ne revient jamais en arrière et maintient le cap. Par contre, son partenaire aime jongler avec les problèmes, envisageant une multitude de solutions et réévaluant constamment l'efficacité de son choix. Le caractère direct et les idées pratiques émises par son partenaire lui retirent le plaisir de la contemplation. Vous ne partagerez jamais votre façon de penser, mais vous pourrez du moins accepter celle de l'autre.

SÉPARÉE/DIVISÉE   5

Vous devriez être heureux ensemble. Un intellectuel comme celui qui a une ligne séparée sera stimulé par la dualité d'un partenaire dont la ligne de tête est divisée. Il sera à peu près le seul à saisir la personnalité paradoxale de son partenaire: son attrait pour l'inusité et son besoin d'un cadre familier, son désir de se distinguer de ses semblables et celui d'être accepté par ceux-ci. La compréhension et la force spirituelle du partenaire qui a une ligne séparée lui permettra donc de l'aider à réaliser ses désirs.

SÉPARÉE/RAMIFIÉE   5

Vous ne pourriez souhaiter meilleur partenaire. Une foule de choses piquent votre curiosité et vous aimez être au courant de tout ce qui se passe dans le monde. Comme vous êtes ouverts aux nouveaux modes de pensée, un nombre illimité de défis s'offrent à vous. Ensemble vous devriez pouvoir donner libre cours à vos talents.

SÉPARÉE/JOINTE   1

Votre union sera incertaine. La personne qui a une ligne séparée éprouve de la difficulté à comprendre ou à accepter le manque d'intégrité intellectuelle manifeste de l'individu dont la ligne de tête est jointe. Ce dernier a renoncé à ses propres idées au profit de celles de ses parents et il est parfaitement heureux de s'y conformer. Son partenaire, qui est un être distant, éprouve de la difficulté à supporter des liens familiaux étroits et à accepter qu'il ne puisse penser par lui-même. Tous deux devront modifier quelques comportements s'ils désirent une relation satisfaisante. Celui qui a une ligne jointe devra faire preuve de plus d'indépendance et se montrer capable de formuler des opinions ou de prendre des décisions. Son partenaire se liera davantage avec sa famille et ses amis, ce qui devrait favoriser sa croissance émotive et faire le bonheur de son compagnon.

SÉPARÉE/BRISÉE   3

La personne qui a une ligne de tête brisée peut représenter tout un défi à relever ou devenir un fardeau à supporter. Une chose est certaine: elle n'ennuiera jamais celui qui a une ligne séparée. La stabilité de leur relation dépend de la façon dont ce dernier réagira. S'il choisit d'explorer de nouvelles façons de penser et de vivre, il pourra devenir un être fascinant. Mais s'il se permet de faire preuve de paresse intellectuelle, l'autre ne le supportera pas.

SÉPARÉE/PÂLE   1

Il vous faudra faire un effort pour marier vos styles mais il est essentiel d'essayer. Si vous n'acceptez pas cette idée, la personne qui a une ligne séparée ne prisera pas ce manque d'intérêt. Celui qui a une ligne pâle aura une vision également dérisoire de l'intellectuel insupportablement prétentieux et irréaliste. Vous avez besoin d'améliorer votre communication afin d'avoir une meilleure opinion de l'autre. Des discussions franches et directes vous permettront éventuellement d'accepter vos différences.

COURTE/COURTE 5

Puisque ni l'un ni l'autre ne s'intéresse à des questions intellectuelles, il n'y aura pas beaucoup de stimulation mentale entre les deux partenaires. Mais ce n'est pas la préoccupation d'un couple formé d'individus qui ont une ligne courte. Les idées et les sentiments les séduisent davantage. Le cœur, voilà ce qui compte pour eux. Ensemble, ils se transmettront la chaleur et l'amour qui constituent leurs valeurs prioritaires dans la vie.

COURTE/COURBÉE OU NEPTUNE 4

Vous avez peu d'affinités en ce qui concerne les choses de l'esprit. La personne qui a une ligne courbée ou Neptune n'est pas intéressée par le monde des idées en général et plus particulièrement par celles qui sont innovatrices ou uniques; chez elle, les sentiments prédominent. Évidemment, le Neptunien devra trouver des amis intellos pour demeurer actif. Mais des liens émotifs étroits pourront les réunir. Le Neptunien appréciera une discussion philosophique et éprouvera également de la joie auprès d'un partenaire aimant, trop heureux de lui vouer un amour inconditionnel.

COURTE/DROITE 4

La personne qui a une ligne droite n'étant pas du genre intellectuel, elle ne sera pas indisposée par la compagnie d'un partenaire qui délaisse les casse-tête en faveur des affaires de cœur. Celui qui a une ligne courte est beaucoup plus émotif qu'elle ne l'est, c'est un être prudent et plein de bon sens qui n'a nul besoin d'un brin de passion dans sa vie. Au moment de prendre une décision, on peut compter sur elle, car elle possède un jugement très sûr. Toutefois, elle n'est pas douée pour créer l'intimité au sein d'une relation et c'est justement un des talents de celui qui a une ligne courte. Vous vous compléterez bien si vous misez sur vos différences; celles-ci assureront le succès de votre union.

COURTE/DIVISÉE   **2**

La personne qui a une ligne courte étant particulièrement prodigue, elle essayera d'accepter son partenaire malgré la vie conflictuelle et paradoxale de ce dernier. Au moment où elle croira le connaître, ce dernier fera une volte-face, se montrant à l'opposé de ce qu'il semblait être. Ni l'un ni l'autre ne pourra modifier sa nature intrinsèque, mais changer certaines attitudes est un choix qui s'impose. Celui qui a une ligne divisée avertira son partenaire avant d'effectuer un changement important. Cela réduira le stress de l'autre qui saura enfin ce qui l'attend. D'autre part, la personne qui a une ligne courte verra d'un bon œil le côté imprévisible de son partenaire. Au lieu de se fâcher parce que sa vie manque de routine et de structure, elle commencera à apprécier le mystère et l'aventure qui vont de pair avec un individu qui a une ligne divisée.

COURTE/RAMIFIÉE   **5**

S'il y a quelqu'un qui peut aider celui qui a une ligne courte à développer ses capacités intellectuelles, c'est bien la personne qui a une ligne ramifiée. Son esprit ouvert lui permet de communiquer avec tout le monde, même avec un partenaire qui ne lui ressemble pas beaucoup. Grâce à sa personnalité, elle peut comprendre le point de vue et le mode de pensée de l'autre, et le persuader graduellement, sans toutefois le heurter, d'accroître ses facultés mentales. En misant sur les liens émotifs, si chers à celui qui a une ligne courte, elle l'encouragera à contribuer à l'épanouissement de leur relation tout en cultivant son savoir.

COURTE/JOINTE 5

Vous avez trouvé l'âme sœur et vous ne vous souciez guère d'accomplir des prouesses. Alors que d'autres consacrent beaucoup de temps et d'énergie à améliorer leur intellect, vous préférez nourrir vos penchants émotifs et développer une relation primaire dont l'unité est la priorité. La famille revêtant une grande importance pour vous deux, veillez à vous entourer de gens capables de vous prodiguer l'amour et le soutien nécessaires.

COURTE/BRISÉE 3

L'individu qui a une ligne brisée n'est peut être pas le meilleur partenaire au monde, mais cela n'importe pas aux yeux de la personne qui a une ligne courte. Une fois que cette dernière s'est engagée, elle ne revient pas en arrière, en dépit de tout ce qui peut arriver. Comme ni l'un ni l'autre ne réfléchit beaucoup à la façon de vivre, ils se laisseront tous deux porter par les événements. Ce manque de contrôle saura leur éviter les exercices d'introspection et ils pourront improviser au fur et à mesure. Sans doute subiront-ils plusieurs drames au cours de leur existence, mais cela ne les éloignera pas. L'individu qui a une ligne brisée est habitué à lutter contre l'adversité et son partenaire, lui-même très tenace, n'abandonnera jamais la partie.

COURTE/PÂLE 4

Un individu qui a une ligne courte est du genre à ne pas s'inquiéter du manque d'énergie intellectuelle de son conjoint. Il l'accepte tel qu'il est et se concentre sur les aspects positifs de sa personnalité plutôt que de s'attarder sur ses faiblesses. Vous ne vous stimulerez pas beaucoup mentalement l'un et l'autre, mais vous offrirez tout l'amour et le soutien dont a besoin votre partenaire. D'ailleurs du moment où vous serez ensemble, vous serez heureux. Et les gens plus brillants, plus raffinés ou qui réussissent mieux que vous vous importeront peu. Vous vous contenterez de ce que la vie vous a apporté, notamment l'un et l'autre.

COURBÉE OU NEPTUNE/COURBÉE OU NEPTUNE	**5**

Votre relation est sans doute excitante. Tous les deux dotés d'esprits créateurs, vous savez rendre les choses captivantes et il vous arrive fréquemment d'ajouter une touche de mystère dans votre vie. Le fait que vous vous compreniez mutuellement et que vous vous plaisiez ensemble vous préservera de la routine et de la monotonie. Vous susciterez toujours la curiosité de votre partenaire en permettant à ce dernier de respirer librement, lui accordant tout l'espace dont il a besoin pour poursuivre ses activités et satisfaire ses besoins personnels.

COURBÉE OU NEPTUNE/DROITE	**1**

Il vous arrivera parfois d'avoir de la difficulté à communiquer, car vous raisonnez complètement différemment. La personne qui a une ligne courbée ou Neptune ne peut pas toujours saisir immédiatement l'inflexibilité d'un partenaire qui a une ligne droite. Alors qu'elle aime à expérimenter de nouvelles formes de penser et de vivre, son partenaire évolue plus aisément dans un cadre familier. Chacun a besoin de discuter avec l'autre de la façon d'aborder les choses. En unissant vos forces, votre vie s'améliorera puisque le premier assurera la stabilité alors que le second lui accordera la liberté nécessaire à son épanouissement. Vous découvrirez combien vos différences représentent un avantage si vous demeurez ouverts à ce que l'autre peut vous apporter.

COURBÉE OU NEPTUNE/DIVISÉE   **5**

Vos esprits vifs se marieront bien ensemble. Vous êtes des anticonformistes et ne craignez pas de déroger à la règle établie. Ensemble vous vous sentirez libres de vous affirmer. Mettez tout en œuvre pour maintenir cette relation, car vous aurez de la difficulté à trouver des esprits aussi libéraux que les vôtres.

COURBÉE OU NEPTUNE/RAMIFIÉE   **5**

Estimez-vous heureux car vous êtes parmi les rares personnes à former une association aussi idéale. Vous êtes ouverts et partagez la joie d'apprendre qui vous permettra de faire de votre vie une aventure sans limites. Vous rencontrerez une foule de gens et ferez des expériences qui vous ouvriront d'autres horizons. Vous irez parfois chacun de votre côté, mais vous vous retrouverez inévitablement. Vous fonctionnez indépendamment l'un de l'autre, mais il serait absurde de vivre seul alors que vous avez le partenaire idéal devant vous.

COURBÉE OU NEPTUNE/JOINTE   **2**

Au début, le Neptunien appréciera vos différences. Mais — tout nouveau, tout beau — il se lassera à la longue lorsqu'il affrontera la réalité d'un partenaire dont l'esprit rigide se manifestera peu à peu. Ce dernier devra élargir ses horizons intellectuels pour son bonheur et celui de l'autre. Au lieu de se plier à la règle établie, il recherchera des méthodes alternatives plus intéressantes. S'il devient plus réceptif à l'idée de s'écarter de la routine, le Neptunien sera plus heureux, en plus de découvrir combien il aime apprendre et essayer de nouvelles choses.

COURBÉE OU NEPTUNE/BRISÉE	4

La personne qui a une ligne courbée ou Neptune est un être plein de ressources qui peut affronter à peu près n'importe quoi, y compris les hauts et les bas inévitables dans la vie d'un partenaire qui a une ligne brisée. Heureusement, elle aime les défis et les problèmes de son conjoint lui permettent d'utiliser toute sa force créatrice pour les régler. À l'occasion, toutefois, elle pourra souffrir de stress et il sera temps alors de faire une trêve. Mais une pause très brève, ne serait-ce qu'un week-end, lui permettra de se régénérer avant de reprendre la vie commune.

COURBÉE OU NEPTUNE/PÂLE	1

Chacun des partenaires aura besoin de la considération de l'autre. Le Neptunien doit apprendre à admettre les limites de son conjoint. Déployant lui-même beaucoup d'énergie, il pourra devenir envahissant pour la personne qui a une ligne pâle, celle-ci étant beaucoup moins dynamique. Il préférera l'encourager graduellement à s'investir plutôt que de l'obliger à changer ses habitudes. Il revient cependant à la personne qui a une ligne pâle d'encourager le Neptunien à poursuivre ses activités créatrices. Elle n'aura pas à manifester le même enthousiasme, mais elle pourra témoigner de l'intérêt envers les choses qui sont importantes pour lui.

DROITE/DROITE	5

Vous pensez exactement de la même façon, aussi êtes-vous extrêmement compatibles. Les désagréments ne surviendront pas souvent au cours de votre relation grâce à votre côté pragmatique. La vie s'écoulera paisiblement parce que vous faites toujours preuve de bon sens au bon moment. Cependant, parce que vous avez tendance à vous accrocher à ce que vous connaissez, les défis, ou les surprises, ne pleuvent pas dans votre vie. D'autres couples trouveraient cela ennuyeux, mais vous vous contentez de la vie que vous avez choisie.

DROITE/DIVISÉE   1

Le caractère non conformiste de la personne qui a une ligne divisée ainsi que ses fluctuations d'humeur pourront irriter son partenaire. Mais elle se lassera d'avoir à justifier continuellement ses excentricités, recherchant plutôt un conjoint tolérant et même curieux de connaître ses frasques. C'est déjà trop demander à celui qui a une ligne droite. La personne qui a une ligne divisée devra donc s'efforcer de gagner sa confiance et lui montrer le fond de sa pensée ou de ses sentiments pour le rassurer dans son besoin d'un amour qui soit constant. Si elle parvient à chasser son insécurité, ils seront tous les deux plus heureux.

DROITE/RAMIFIÉE   1

Si vous n'y prenez pas garde, les divergences d'opinions susciteront de fréquentes querelles entre vous. Celui qui a une ligne droite trouvera que son partenaire s'accroche inutilement à ses idées, alors que ce dernier sera malheureux de le voir limiter ses façons d'aborder les choses.

Au lieu de vous critiquer mutuellement, apprenez à apprécier vos différentes manières de penser. Lorsqu'il est nécessaire de prendre une décision rapide, fiez-vous à celui de vous deux qui a une ligne droite, car il possède un esprit logique. Si un problème plus compliqué survient, laissez le partenaire qui a une ligne ramifiée examiner les manières de le résoudre. Vous découvrirez ainsi que deux têtes valent mieux qu'une.

DROITE/JOINTE   4

Aucun nuage à l'horizon, vous avez une façon similaire de penser et de vivre et vous êtes tous deux plus heureux dans un cadre familier. Vous n'êtes ni l'un ni l'autre (mais particulièrement celui qui a une ligne de tête jointe) très loin de votre enfance. Considérant que le changement est un phénomène dérangeant et qu'on doit l'éviter à tout prix, vos progrès sur le plan intellectuel ou émotif sont minimes. Vous êtes heureux d'être vous-même avec votre partenaire, et vous jugez qu'il n'est vraiment pas nécessaire de modifier quoi que ce soit.

DROITE/BRISÉE   2

Au début de leur relation, la personne qui a une ligne droite essayera résolument de s'accommoder des perturbations suscitées par son partenaire. Mais au bout d'un certain temps, elle sentira qu'on abuse d'elle et constatera que la seule chose qui soit certaine dans leur union est qu'il n'y a rien de certain. Les gestes impulsifs de l'individu qui a une ligne brisée et ses mauvais jugements l'irriteront. Afin d'éviter ces sentiments négatifs, celui-ci devra se comporter plus raisonnablement. La spontanéité est une chose, mais l'étourderie en est une autre. Il devra donc suivre l'exemple de son partenaire et le laisser prendre les décisions importantes.

DROITE/PÂLE   1

Vous êtes compatibles en ce qui a trait à vos goûts intellectuels, car vous préférez agir plutôt que penser. Cela ne veut pas dire pour autant que vous vivrez continuellement dans le calme. Celui qui a une ligne pâle a moins d'énergie mentale que la personne qui a une ligne droite, et il a tendance à devenir trop dépendant de son partenaire. Il n'est pas juste que ce soit toujours à ce dernier qu'incombe toutes les décisions et le fardeau des responsabilités. L'individu qui a une ligne pâle doit donc se préparer à tenir un rôle plus actif et à contribuer à son tour à résoudre leurs problèmes. De son côté, son partenaire veillera fermement à ce qu'il s'acquitte de ses obligations.

DIVISÉE/DIVISÉE 5

Vous ne vous ennuierez jamais! Influencées par Mercure, vos personnalités font que vous ne tenez jamais l'autre pour acquis. Cependant, vous ne savez jamais trop ce que pense votre partenaire ni comment il va réagir. Un jour, il éprouve le besoin d'être logique; le lendemain, il fait volte-face et se montre complètement différent. Ces incohérences en feraient tourner plus d'un en bourrique, mais vous pouvez tolérer cette situation puisque vous avez la même personnalité. Vous ne mènerez pas une vie des plus paisibles, mais vous pourrez être vous-même sans craindre de vous faire rabrouer par votre partenaire.

DIVISÉE/RAMIFIÉE 5

Un couple formé d'une personne qui a une ligne de tête divisée et d'une autre dont la ligne est ramifiée, est toujours harmonieux. Étant sur la même longueur d'onde, vous êtes curieux de tout et aimez discuter ou expérimenter de nouveaux modes de vie. Vous vous défierez l'un et l'autre dans le but d'atteindre votre plus haut niveau intellectuel. Vous ne serez pas toujours d'accord avec vos choix respectifs, mais l'ouverture d'esprit et le respect dont vous faites preuve vous permettront de comprendre vos sentiments au moment où ils se manifesteront.

DIVISÉE/JOINTE	2

L'individu qui a une ligne jointe est très conservateur et préfère un mode de vie traditionnel. Son partenaire s'y adaptera au début, mais se lassera à la longue de vivre en prévoyant le moindre détail et selon un plan très conventionnel. Il adoptera alors une attitude contradictoire et pourra céder à ses impulsions. L'individu qui a une ligne jointe devra donc apprendre à ne pas se sentir menacé par les incohérences de son partenaire et à les considérer tout simplement comme faisant partie de sa nature. Pour sa part, la personne qui a une ligne divisée s'efforcera d'accepter l'autre plutôt que de lui reprocher ses penchants pour l'ordre et la routine. Il est essentiel que chacun fasse preuve de tolérance envers son partenaire.

DIVISÉE/BRISÉE	1

Vous mènerez une vie tumultueuse ensemble car vous êtes tous les deux sujets à de fréquentes fluctuations d'humeur. À cause de vos natures changeantes, vous ne serez jamais sûr l'un de l'autre. Heureusement, comme vous êtes toujours en mouvement, vous ne vous attendrez vraiment pas à mener une vie paisible. D'autres partenaires seraient découragés par tous les changements que vous provoquez alors que vous les considérez comme des faits naturels et prévisibles. Toutefois, assurez-vous de vous prémunir contre le stress ainsi que contre les fatigues émotives et physiques qu'entraînent les hauts et les bas dans votre vie.

DIVISÉE/PÂLE	3

Vous ne formez pas le couple idéal, mais tout ira bien parce que vous n'êtes pas trop exigeants. Même si un individu qui a une ligne pâle n'offre pas beaucoup de stimulation intellectuelle, il saura écouter son partenaire et lui témoigner de l'intérêt sans le juger. Il saura en outre l'épauler correctement et, comme il n'a pas l'esprit de compétition, il se montrera habituellement tolérant. Son partenaire qui a la ligne divisée pourra choisir parmi ses nombreux amis s'il a besoin d'être stimulé mentalement.

RAMIFIÉE/RAMIFIÉE — 5

Vous trouverez chez votre conjoint tout ce dont vous rêvez. Vous éprouvez la même soif d'apprendre et vous avez tous les deux l'énergie et la détermination pour peupler votre vie d'expériences enrichissantes. Vous ne vous embêterez jamais tant que vous serez ensemble et vous aurez la conviction d'avoir un partenaire capable de vous aider à progresser intellectuellement. Il abondera dans le même sens que vous, et cela piquera votre curiosité (plutôt que vous apparaître comme menaçant).

RAMIFIÉE/JOINTE — 1

Puisque la personne qui a une ligne ramifiée a une foule d'idées, elle a besoin d'un partenaire qui a également l'esprit ouvert. Étant généralement inflexible, l'individu qui a une ligne jointe ne comblera pas souvent ce besoin, car il tient à ses idées et à faire les choses telles qu'elles se font habituellement. Si elle souhaite tout de même maintenir une relation avec lui, la personne qui a une ligne ramifiée devra devenir une sorte de professeur ou de mentor qui élargira son horizon tout en lui évitant de se buter obstinément à sa volonté à elle. Cette stratégie leur sera bénéfique à tous les deux; l'un trouvera un partenaire stimulant tandis que l'autre s'ouvrira aux nouvelles idées.

RAMIFIÉE/BRISÉE — 4

Celui qui a une ligne ramifiée est extrêmement tolérant envers son partenaire et il sait comment s'adapter à sa vie agitée.

Leur relation connaîtra néanmoins l'instabilité. N'ayant ni l'un ni l'autre de préférence marquée pour la constance, ils choisiront plutôt un mode de vie instable. La personne qui a une ligne ramifiée pourra à l'occasion avoir besoin de se retirer temporairement si son partenaire devient trop nerveux. Cependant, en général, vous vous plairez ensemble.

RAMIFIÉE/PÂLE   1

Les innombrables prouesses de la personne qui a une ligne ramifiée ne peuvent être égalées par le partenaire dont la ligne est pâle. Il n'a tout simplement pas le don, l'énergie ou le savoir-faire pour mettre en valeur les facultés intellectuelles de son partenaire. Cela ne risque cependant pas d'assombrir leur relation. Celui qui a une ligne ramifiée trouvera d'autres sources de stimulation (livres, cinéma, cours, discussions avec d'autres gens) tout en appréciant la chaleur affectueuse de la personne qui a une ligne pâle.

JOINTE/JOINTE   5

L'harmonie règne. Vous êtes profondément attachés à la tradition, préférant suivre un mode de vie déjà éprouvé plutôt que d'en inventer un nouveau. Votre façon d'aborder la vie sera sans doute perçue comme ennuyeuse par les gens qui recherchent l'aventure, mais vous serez heureux ensemble, ne laissant personne vous abattre. Ce genre de vie vous convient et c'est tout ce qui compte.

JOINTE/BRISÉE   1

Votre relation peut s'avérer difficile à maintenir, particulièrement pour l'individu qui a une ligne jointe. À l'occasion, il saura, grâce à son calme et à son caractère rationnel, donner un répit bien mérité à son partenaire à la vie désordonnée et stressante. Au point même de compromettre une association trop inégale. Pour éviter ce problème, celui qui a une ligne jointe doit faire preuve de zèle et protéger sa sérénité. Il n'a pas à jouer au plus fin, ni à subir des situations éprouvantes. Il préservera donc son intégrité en se consacrant seul à ses activités préférées. Tous deux pourront ainsi mieux s'apprécier l'un et l'autre, celui qui a une ligne jointe se gardant le privilège de se retirer de temps à autre dans l'intimité afin de trouver la tranquillité.

JOINTE/PÂLE — 4

Ce ne sera pas toujours le paradis, mais vous vous plairez assez pour que cela dure toute la vie. Votre relation sera statique; c'est d'ailleurs ce que chacun préfère. Le partenaire qui a une ligne jointe ne se fait pas prier pour être différent de ce que vous êtes tous les deux: tranquilles, modestes, et sans ambition. Rien ne vous plaît davantage que de mener une vie qui ne coûte pas trop d'efforts physiques ou d'énergie intellectuelle. Il ne fait aucun doute que vous trouverez la paix ensemble et rendrez l'autre plus heureux que ne le feraient d'autres partenaires.

BRISÉE/BRISÉE — 3

Votre vie n'aura rien de monotone. Chacun subissant régulièrement des crises, votre vie amoureuse sera marquée de hauts et de bas variant d'un extrême à l'autre. Lorsque les choses iront bien entre vous, vous serez stimulé par la présence de votre partenaire. Mais lorsque l'instabilité surgira et que la tension montera en escalade, vous le trouverez difficile à supporter. Apprenez à dominer le stress, et développez une méthode pour affronter les moments pénibles de votre vie.

BRISÉE/PÂLE	1

Vous devrez travailler très fort pour être heureux. La personne qui a une ligne brisée a besoin d'un partenaire solide, capable d'affronter le chaos. Malheureusement, celui qui a une ligne pâle n'est pas particulièrement doué pour résoudre ses innombrables et inévitables problèmes. Et comme il ne peut renoncer tout à coup à sa vie turbulente, c'est à son partenaire que revient l'obligation d'améliorer les choses. Au lieu d'en vouloir à l'autre et de percevoir cette tâche comme un fardeau, il devrait voir combien il est utile d'analyser et d'élaborer des stratégies, tout en considérant que c'est une occasion de s'épanouir. En changeant de vision, la situation s'améliorera rapidement entre vous et vous en retirerez plus de satisfaction.

PÂLE/PÂLE	4

Votre relation manquera de lustre, mais cela n'embêtera personne. Au fond, vous n'êtes pas intéressés à vous casser la tête afin de suivre le rythme d'un partenaire énergique. Vous préférez de loin cheminer doucement au fil de la vie et vous en tenir à cela. Vous ne vous stimulerez pas beaucoup mutuellement, mais vous serez contents de vous et heureux d'être ensemble.

Ligne de cœur

La ligne de cœur révèle le degré de sensibilité et le côté romantique d'un individu. Parmi les trois lignes principales, c'est la plus importante pour déterminer la compatibilité affective entre deux partenaires.

La ligne de cœur est nettement visible au-dessus de la ligne de tête. Elle commence à la base de l'index et traverse toute la paume pour aboutir sous l'auriculaire. Il existe des variantes telles que décrites ci-dessous. Examinez votre ligne de cœur, comparez-la avec celle de votre partenaire et lisez le profil correspondant.

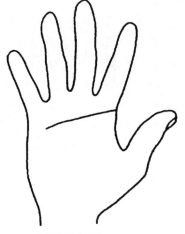

LIGNE DE CŒUR
STANDARD

LIGNE DE CŒUR
DROITE

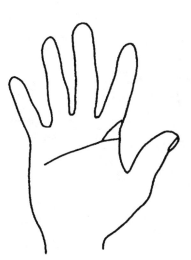

LIGNE DE CŒUR
FOURCHUE

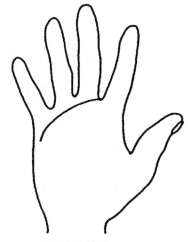

LIGNE DE CŒUR
JUPITER-SATURNE

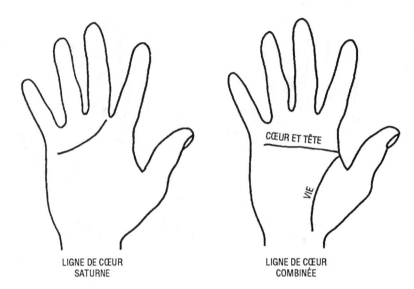

LIGNE DE CŒUR
SATURNE

LIGNE DE CŒUR
COMBINÉE

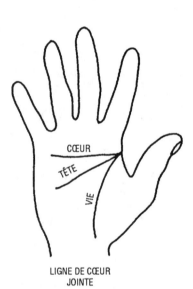

LIGNE DE CŒUR
JOINTE

Fourchue
La ligne commence sous l'index en formant deux traits ou plus qui se confondent.

Droite
La ligne traverse la paume d'un bout à l'autre.

Jupiter-Saturne
La ligne débute au haut de la paume, entre l'index et le majeur, puis elle longe les autres doigts avant d'amorcer une courbe jusqu'à l'auriculaire.

Saturne
La ligne commence sous le majeur (plutôt que sous l'index).

Jointe
La ligne est reliée aux autres traits principaux (vie et tête) avant que celles-ci se ramifient.

Combinée
La ligne se combine avec celle de la tête, ce qui donne l'impression qu'il n'existe que deux lignes principales.

Personne 1	Type	Personne 2
_____	Standard	_____
_____	Fourchue	_____
_____	Droite	_____
_____	Jupiter-Saturne	_____
_____	Saturne	_____
_____	Jointe	_____
_____	Combinée	_____

STANDARD/STANDARD 5

Votre relation pourrait servir de modèle amoureux à bien des couples. La chaleur et l'affection ne manquent pas entre vous et la stabilité à long terme ne sera qu'un des nombreux avantages de votre union. Vous êtes tous les deux des partenaires loyaux et engagés et vous participez pleinement aux ébats amoureux.

STANDARD/FOURCHUE 4

Bien que votre relation soit dénuée de problèmes majeurs, les émotions intenses manifestées par celui qui a une ligne fourchue seront éprouvantes pour la personne dont la ligne est du type standard. Si l'amour est très important pour elle, c'est une véritable obsession pour celui dont la ligne est fourchue. N'hésitant pas à aller jusqu'à l'extrême pour plaire à son partenaire, il pourra provoquer son irritation. S'il peut apprendre à être un peu plus nuancé, il rendra son partenaire plus heureux.

STANDARD/DROITE 5

Vous êtes des individus extrêmement compatibles et vous serez comblés d'amour, vous consacrant généreusement l'un à l'autre. Celui qui a une ligne droite aura tendance à fermer les yeux sur les défauts de son partenaire du type standard, lequel se montrera également en retour un être affectueux qui n'abusera jamais de lui.

STANDARD/JUPITER-SATURNE 4

Celui qui a une ligne Jupiter-Saturne n'est pas l'individu le plus facile à vivre et à aimer, mais la stabilité émotive de celui qui a une ligne standard assurera le succès de leur union. En raison d'un manque de confiance, la jalousie pourra s'installer à moins que le partenaire ne donne aucun signe qui puisse être interprété comme une menace ou qui sèmerait le doute. La personne qui a une ligne Jupiter-Saturne a, en outre, de la difficulté à exprimer ses sentiments, mais elle possède assez d'aplomb pour ne pas avoir constamment besoin qu'on lui fasse des déclarations d'amour.

STANDARD/SATURNE 3

Celui qui a une ligne du type standard sera légèrement insatisfait avec un Saturnien, mais pas au point de mettre leur union en péril. Parfois il souhaitera que le Saturnien soit plus ouvert et plus communicatif. Heureusement, il a en lui suffisamment de ressources émotives pour tolérer un partenaire qui a parfois l'air distant.

STANDARD/JOINTE 2

Vous aurez tous les deux besoin de conjuguer vos efforts. Alors que la personne de type standard ne perd pas de vue l'idée de vivre avec son compagnon, elle sera amèrement déçue si celui qui a une ligne jointe devient trop dépendant. À l'occasion, elle n'hésitera pas à prêter l'épaule à son partenaire. Elle devra toutefois être ferme et ne pas encourager celui qui a une ligne jointe à devenir un fardeau, mais plutôt un partenaire qui soit son égal. Elle l'encouragera donc à s'affirmer et à veiller à ne pas laisser les problèmes familiaux les envahir tous les deux.

STANDARD/COMBINÉE 3

Bien que le partenaire qui a une ligne combinée ne soit pas l'idéal pour celui qui a une ligne du type standard, tous deux pourront établir des rapports harmonieux. La personne qui a une ligne combinée apprécie les discussions intellectuelles et son conjoint ne devrait pas s'attendre à recevoir des marques tangibles d'affection. Il lui est heureusement possible d'accepter le côté peu démonstratif de son partenaire, celui-ci ayant suffisamment confiance en lui pour savoir que l'affection s'exprime de plusieurs manières. Il l'estimera pour sa loyauté et ses marques d'attention, même sachant combien il a de la difficulté à lui déclarer son amour.

FOURCHUE/FOURCHUE   **3**

Ce n'est pas l'affection qui manquera dans votre relation! Vous êtes des individus très chaleureux, vous aimez vraiment rendre les autres heureux et vous ferez des pieds et des mains pour combler votre partenaire. La seule chose que vous ne pourrez pas vous donner mutuellement sera la fidélité. Car étant tous les deux des êtres passionnés, vous trouverez difficile de vous lier à une seule personne. Si chacun est prêt à accepter l'intérêt et l'estime que son partenaire porte aux personnes qui l'entourent, vous serez très heureux ensemble. Mais si la jalousie s'insinue entre vous, votre relation risque de ne pas tenir bien longtemps.

FOURCHUE/DROITE   **2**

Vous vous lancerez à pieds joints dans cette aventure parce que vous souhaitez vraiment avoir une vie amoureuse. Les problèmes risquent toutefois de survenir si vous prenez vos désirs pour des réalités. Car vous attendez trop de votre partenaire. Vous serez au comble du bonheur jusqu'à ce que vous le voyiez tel qu'il est... moins romantique que vous ne l'imaginiez. Et puisque vous êtes toujours à la recherche de l'âme sœur, vous n'avez d'autre choix que de la chercher ailleurs.

FOURCHUE/JUPITER-SATURNE   **1**

Le Jupiter-Saturne aborde l'amour avec une prudence et un sérieux qui contrastent vivement avec l'approche spontanée de la personne qui a une ligne fourchue. Malheureusement, le Jupiter-Saturne percevra sans doute son attitude comme de l'insouciance et il sera profondément déçu par son apparente indifférence. Pour le succès de leur relation, la personne qui a une ligne fourchue devra comprendre l'importance de la fidélité pour son partenaire et agir de façon à mériter sa confiance.

FOURCHUE/SATURNE 4

Si vous essayez d'être attentif aux besoins de l'autre, votre relation s'épanouira malgré vos différences. Celui qui a une ligne fourchue a une personnalité qui complète bien celle, plus réservée, du Saturnien. Ce dernier est un solitaire; il se suffit à lui-même, alors que son partenaire souhaite des rapports plus dépendants. Il est essentiel que vous vous respectiez l'un et l'autre et que vous élaboriez un plan de vie commune qui accepte les compromis.

FOURCHUE/JOINTE 2

Votre vie conjugale ne se passera pas sans heurts. L'individu qui a une ligne jointe aura tendance à manquer de maturité, mais la personne qui a une ligne fourchue, habituellement plus tolérante, acceptera ses lacunes. Toutefois, le manque évident de confiance en lui-même, qui caractérise celui qui a une ligne jointe peut devenir lourd à supporter pour son partenaire s'il compte toujours sur lui pour prendre des décisions et régler des problèmes. Ce manque de maturité pourra pousser la personne qui a une ligne fourchue à partir à la recherche d'un partenaire plus autonome.

FOURCHUE/COMBINÉE 3

Parce que vous êtes très différents l'un de l'autre, il est impératif que vous vous acceptiez tels que vous êtes. Alors que la personne qui a une ligne combinée compte sur ses capacités intellectuelles, son partenaire qui a une ligne fourchue s'attarde au côté affectif pour améliorer ses rapports avec les gens. Cependant, il se montre plutôt réservé avec la personne qu'il aime, même si celle-ci exprime ses sentiments ouvertement. Il vous sera parfois difficile de vous comprendre, mais vous avez assez d'énergie émotive et physique pour aplanir ces difficultés et demeurer ensemble.

DROITE/DROITE   5

Chacun sera pour l'autre une source d'émerveillement. Grâce à vos penchants pour le romantisme, vous faites de chaque jour un événement particulier. Et même lorsque les choses se gâtent entre vous, votre ouverture d'esprit et vos talents de communicateur vous permettent de vous réconcilier rapidement. Un partenaire plus terre à terre pourrait vous trouver trop idéaliste et vous reprocher vos élans impétueux, mais vos ressemblances vous empêcheront de vous décevoir mutuellement.

DROITE/JUPITER-SATURNE   3

Il n'est pas aussi facile d'aimer pour la personne qui a une ligne Jupiter-Saturne que pour celle qui a une ligne droite, car la première s'exprime difficilement. Elle aimerait mener une vie amoureuse épanouie mais ne sait pas comment y arriver; elle manque de confiance en elle et n'ose pas prendre des risques. Bien qu'elle soit incapable de manifester son affection, c'est un être loyal et son partenaire plus expansif ne souffrira pas trop d'être celui qui s'exprime davantage.

DROITE/SATURNE   1

Alors que la personne qui a une ligne droite voudrait bichonner son partenaire, le Saturnien préfère prendre soin de lui-même. Afin d'éviter des situations conflictuelles, la personne qui a une ligne droite fera bien de se retenir et veiller à ne pas interpréter l'indépendance du Saturnien comme un affront. Ce dernier pourra ainsi réaliser que le fait d'être entouré de tendresse ne le rendra pas plus dépendant, mais ajoutera plutôt un peu de chaleur dans sa vie. S'il riposte plus élégamment aux signes d'affection de son partenaire, et si ce dernier apprend à calmer ses ardeurs, ils feront bon ménage.

DROITE/JOINTE   3

Il n'est pas rare de voir des individus si opposés s'unir pour la vie. Le partenaire qui a une ligne jointe a besoin d'être nourri émotivement et réclame constamment de l'affection. La personne qui a une ligne droite est trop heureuse de combler ce désir, car elle aime qu'on ait besoin d'elle. En apparence, leur situation est peut-être enviable, mais en réalité, elle ne l'est pas. Les conjoints sont trop dépendants l'un de l'autre et ils manquent de maturité. Ils craqueront dès qu'un problème surgira, sans parler de leur association qui risque de s'effondrer. Profitez de ce que vous avez, mais rappelez-vous que la vie n'est pas un conte de fées et que vous devrez vous efforcer de devenir autonomes.

DROITE/COMBINÉE   1

Vous éprouvez des émotions fort différentes. Celui qui a une ligne combinée n'est pas très sentimental ni romantique, contrairement à la personne qui a une ligne droite et qui mène sa vie amoureuse comme elle gère ses affaires: dans le désordre et l'émotion. Quant à son partenaire, il lui suffit de savoir qu'ils sont ensemble, exprimer son affection étant pour lui une perte de temps. Le romantisme de la personne qui a une ligne droite et son besoin d'exprimer ses sentiments pourront donc l'indisposer à l'occasion. Il devrait néanmoins avoir l'élégance d'accepter ces marques d'affection s'il désire poursuivre la vie commune avec elle.

JUPITER-SATURNE/JUPITER-SATURNE   **3**

Au fond, vous êtes des êtres passionnés qui ne savez pas comment exprimer votre nature véritable. Ayant tous deux tendance à nier vos sentiments et à limiter la communication, chacun veut garder la maîtrise de soi et se garde bien de prendre des risques. Refusant de vous montrer sous un jour défavorable, vous préférez faire semblant d'être plus indépendant et plus sûr de vous que vous ne l'êtes en réalité. Vous êtes capable de vouer beaucoup d'affection à votre partenaire, à condition d'en recevoir autant.

JUPITER-SATURNE/SATURNE   **4**

Votre relation ne durera probablement pas toute la vie. Vous vous plaisez beaucoup ensemble, car vous voyez l'amour de la même façon. Mais vous souffrez tous les deux d'insécurité et cela vous empêche d'agir. Aucun de vous n'oserait s'engager à fond parce que vous êtes tous deux prudents à l'extrême. Même en demeurant ensemble un bout de temps, vous hésiterez toujours à vous faire part complètement de vos sentiments, maintenant une distance entre vous. Vous ne communiquerez pas aussi bien que les autres couples, mais cela vous conviendra. Du moins pour un certain temps!

JUPITER-SATURNE/JOINTE   **1**

Il est vital que vous changiez votre vision des choses; critiquer l'autre n'améliorera certainement pas vos rapports avec lui. Si l'individu qui possède une ligne de cœur Jupiter-Saturne considère que son partenaire manque de maturité et qu'il dépend trop de sa famille, ce manque de respect vous empêchera tous les deux d'avoir une relation d'égal à égal. La personne qui a une ligne jointe sera malheureuse si Jupiter-Saturne la presse de devenir plus indépendante et cela l'empêchera précisément d'y arriver.

Acceptez votre partenaire tel qu'il est si vous désirez éviter de fâcheuses conséquences. Jupiter-Saturne peut aider la personne qui a une ligne jointe à acquérir de la force émotive susceptible de l'entraîner à s'affirmer davantage.

JUPITER-SATURNE/COMBINÉE	4

Ça risque de marcher. Chacun masque ses émotions et préfère débattre de ses idées plutôt que de s'expliquer au moyen de scènes passionnées. Alors que Jupiter-Saturne se borne à ne pas se montrer trop vulnérable, celui qui a une ligne combinée ce concentre uniquement sur ses affaires et sur ses succès. Vous serez démesurément loyal l'un envers l'autre et ferez tout pour maintenir une relation à long terme. D'autres partenaires éprouveraient de la frustration devant votre froideur apparente, mais vous seriez mal à l'aise de vous laisser aller à vos émotions. Selon vous, mieux vaut vivre une relation sérieuse et l'aborder de façon détachée que de s'abandonner à ses excès.

SATURNE/SATURNE	2

Vous vous ressemblez beaucoup, mais ce n'est pas toujours à votre avantage. Étant réservés tous les deux, vous ne souffrirez donc pas du manque de chaleur et de communication. Toutefois, vous risquez de ne jamais développer de complicité entre vous à force de vous montrer aussi indépendants. Chacun est autonome, si bien qu'il ne semble pas y avoir de raison pour que vous soyez ensemble. Vous êtes susceptibles, et malgré cela, vous vous taisez, laissant croître l'insatisfaction plutôt que de discuter de ce qui vous a heurté. Afin d'éviter que le fossé ne s'agrandisse entre vous, il est essentiel de communiquer ouvertement. Vous devriez songer à poursuivre un projet ensemble.

SATURNE/JOINTE   1

Comprendre les émotions de l'autre constitue tout un défi entre vous. Intimité rime généralement avec dépendance pour celui qui a une ligne jointe, tandis que le Saturnien est tout à fait autonome, espérant la même attitude de la part de son partenaire. Discutez de vos sentiments afin de connaître vos points de vue. Si vous ne communiquez pas suffisamment, celui qui a une ligne jointe jugera le Saturnien comme un être distant, et ce dernier se sentira étouffé par les innombrables demandes de l'autre. Adoptez une attitude positive devant votre partenaire.

SATURNE/COMBINÉE   5

Ni l'un ni l'autre n'est très démonstratif. Le fait d'être ensemble est une preuve d'amour valable et vous n'avez pas besoin d'en témoigner autrement. Cela poserait un problème si vous étiez en compagnie de quelqu'un qui a constamment besoin d'être rassuré, mais comme vous êtes confiants et profondément attachés l'un à l'autre, vous ne vous cassez pas la tête à ce sujet. Vous saurez conservez votre énergie pour les aspects importants de votre vie, et notamment, pour le travail.

JOINTE/JOINTE   2

Vous deviendrez facilement dépendants l'un de l'autre, ce qui n'est pas très sain. Même si vous formez déjà un couple, vous devrez continuer à progresser individuellement. Si l'un d'entre vous veut changer ou atteindre un nouvel objectif, l'autre devrait encourager son initiative. Il serait souhaitable de réussir à vous éloigner un peu de la famille et à vous efforcer d'atteindre la maturité afin de jouir d'une relation amoureuse épanouie plutôt que de vous limiter à une liaison agréable, mais étriquée. Vous demeurerez ensemble plus longtemps que d'autres couples, surtout parce que vous vous plaisez et que vous n'oseriez pas prendre le risque de changer de partenaire. Cependant, vous ferez l'effort de développer vos capacités personnelles.

JOINTE/COMBINÉE 5

Cette relation est fort harmonieuse, chacun apportant à son partenaire ce qui lui manque. L'individu qui a une ligne combinée est considéré comme l'intellectuel du couple. Il est en effet habile lorsqu'il s'agit de prendre des décisions et doué pour planifier la vie commune et en résoudre les problèmes. Toutefois, il n'exprime presque jamais ses sentiments, alors que son partenaire lui manifeste aisément son affection et sa tendresse. Ce faisant, ce dernier comble une lacune chez celui qui a une ligne combinée.

COMBINÉE/COMBINÉE 5

L'intimité ne régnera pas entre vous, mais c'est ce que vous désirez. Estimant que les émotions sèment la confusion, vous restez toujours sur vos gardes. Vous aimez aborder l'amour et les affaires d'une façon rationnelle, préférant analyser vos sentiments froidement et passer rapidement à des choses plus agréables ou plus importantes. Les étrangers n'y voient pas là l'expression d'un amour tangible, mais vous êtes tous les deux heureux de la façon dont vous communiquez ensemble. Vous éprouvez beaucoup de respect pour l'autre, et lui permettez d'atteindre ses buts, si élevés soient-ils. Vous trouvez qu'il est superflu d'exprimer votre affection à tout moment et vous manifestez votre amour en vous encourageant mutuellement tous les jours.

Chapitre 15

Groupe sanguin

Les médecins connaissent depuis des années la compatibilité qui existe entre les gens d'un même groupe sanguin. Un chercheur japonais a poussé la recherche en ce domaine: Toshitaka Nomi est persuadé que chacun des quatre principaux groupes sanguins révèle des traits de la personnalité. Par exemple, un couple formé d'individus appartenant aux groupes A et O entretiendra une relation différente de celle vécue par un couple appartenant aux groupes B et AB.

Lisez la suite pour en apprendre davantage. Si vous ne connaissez pas votre groupe sanguin (A, B, AB, ou O), un simple prélèvement vous fournira la réponse.

Personne 1	Type	Personne 2
_____	A	_____
_____	B	_____
_____	AB	_____
_____	O	_____

A/A   **2**

Vous êtes des perfectionnistes. Vous avez le souci du détail et ne pouvez tolérer la moindre imperfection. Ce qui est un avantage en ce qui a trait au travail pourra cependant susciter des frictions, car vous exigez beaucoup trop de vous-même et de votre partenaire. Lorsque l'un de vous deux se trompe, l'autre s'emporte aussitôt. Votre incapacité d'accepter les faiblesses de l'autre mine vos rapports qui autrement, seraient des plus tendres et des plus chaleureux.

Les personnes du groupe A tiennent fortement à leur carrière, souvent au point de négliger les aspects importants de leur vie. Après le travail, aucun des partenaires n'a suffisamment d'énergie pour entretenir une vie sexuelle et sentimentale satisfaisante. Cette attitude peut être néfaste à la longue, et vous devrez vous encourager à vous consacrer plus de temps mutuellement. Inspirez-vous de la détermination dont vous faites preuve au travail pour améliorer la qualité de vos échanges amoureux.

Le stress est un autre ennui qui vous guette (en plus d'affecter votre santé physique et émotive). Cherchez une activité plus relaxante ou apprenez une technique (gymnastique, poésie ou peinture) qui vous permettra de vous détendre ensemble. Laissez plus de place à la spontanéité au lieu de toujours tout prévoir d'avance et, plus important encore, soyez tolérant envers les lacunes de l'autre. N'exigez pas de lui la perfection, ni de vous-même, mais fixez-vous plutôt des buts plus faciles à atteindre, ou qui n'exigent pas de vous toute votre énergie.

A/B   **5**

Vous n'avez pas de traits particuliers en commun. En fait, vous êtes à l'opposé l'un de l'autre. A est conservateur et réservé, alors que B est un libre penseur et un imaginatif. B a parfois des réactions enfantines, tandis que A fait preuve de maturité. En outre, vous ne partagez pas du tout la même philosophie. Alors que B vit au gré du temps, A réfléchit à toutes les implications du moindre geste. B sait donner libre cours à ses émotions tandis que A garde tout sous contrôle.

Des personnes aussi différentes peuvent-elles poursuivre une relation? Oui car, chaque partenaire apportera une touche qui lui est propre. Par exemple, B aidera A à s'affirmer et à prendre des risques afin de mieux apprécier la vie. B est le partenaire idéal pour aider A à plonger dans les univers magiques de l'art, de la musique et de la littérature. Pour sa part, A exercera une douce influence auprès de B, luttant contre sa tendance à agir sans réfléchir, lui permettant de doser son impulsivité, ce qui devrait épargner bien des problèmes à ce grand émotif. Il semblerait d'ailleurs que les B se querellent moins avec des partenaires du groupe A.

Vous avez la chance de vivre une relation formidable. Gardez l'esprit ouvert. Chacun possédant les qualités qui font défaut à l'autre, reconnaissez ce fait et acceptez-le. Ne commettez surtout pas l'erreur d'essayer de modeler votre partenaire à votre image. Au lieu d'être jaloux, admirez-le et profitez de ses qualités. Vous vous épanouirez davantage et ferez bon ménage.

A/AB   **4**

Les problèmes ne surgiront pas souvent entre vous. Pragmatiques et déterminés comme vous l'êtes, vous ferez tout ce qu'il faut pour que tout aille bien. Vous n'êtes pas comme ces couples qui abandonnent la partie à la première difficulté. Au contraire, vous choisissez de régler les problèmes les uns après les autres, une attitude qui vous permettra d'entretenir une relation durable.

Il existe toutefois des différences typiques entre vous. AB a nettement tendance à être plus morose que A, lequel jouit d'une humeur assez stable. Lorsqu'il traverse des moments pénibles, il tient la bride serrée, ne montre pas ses émotions et ne manifeste aucun signe de stress. De son côté, AB exprime volontiers la tension qu'il ressent et son comportement subit alors un changement. On peut toujours prévoir comment réagira A, alors que les fluctuations d'humeur de AB sont plus fréquentes au point d'être parfois déconcertantes.

Malheureusement, il ne serait pas réaliste d'espérer que AB ait un caractère calme et stable, même s'il fait l'effort d'y parvenir.

A devra donc composer avec ses hauts et ses bas. Au lieu de critiquer son manque de stabilité, il appréciera les surprises que cela réserve et qui empêchent votre vie à deux de sombrer dans l'ennui.

Autre différence: AB aime la compagnie, alors que le A est un solitaire qui exige des moments d'intimité. Son partenaire aura parfois de la difficulté à comprendre ce besoin de solitude; cependant, s'il n'en prend pas conscience, des frictions surgiront entre eux. AB doit accepter que A ne soit pas démonstratif et qu'il n'exprime pas ouvertement son affection. Toutefois, cela ne l'empêche nullement d'être profondément amoureux et loyal. En y mettant chacun du vôtre, votre relation s'épanouira et durera toute la vie.

A/O	2

Il vous sera difficile de faire bon ménage. Vous débordez d'énergie mais vous ne savez pas toujours comment la canaliser et l'utiliser efficacement. Les querelles risquent de surgir souvent entre vous. O est impulsif, voire agressif, et recherche le pouvoir; aussi bien au cours de ses relations amoureuses qu'au travail. A est pacifique mais à l'occasion, il voudra à son tour diriger et être considéré comme le meneur. Il est probable que personne ne gagnera quoi que ce soit à ce petit jeu de pouvoir. L'amertume, le mécontentement et l'hostilité assombriront les beaux sentiments que vous éprouvez l'un pour l'autre. Il est important que vous développiez une relation égalitaire où personne ne sera le patron. Si vous y parvenez, l'insécurité s'estompera, faisant place à la satisfaction et à la confiance.

Les individus de types A et O ont le souci du détail et veulent atteindre la perfection dans tous les domaines. Toutefois, il arrivera que A pousse les choses à l'extrême. Et, la perfection n'étant pas de ce monde, il exprimera sa déception en critiquant son partenaire au lieu de considérer les aspects positifs de ses efforts. Heureusement, O étant plus réaliste, il acceptera les égarements de A, lui rappelant ce qui les a attirés l'un vers l'autre. Cela permettra à A de réaliser que même si tout n'est pas parfait, il vaut la peine de poursuivre leur relation, pour l'amour de O.

Par ailleurs, A et O diffèrent au plan de la perception qu'ils ont d'eux-mêmes. Les O ont beaucoup d'assurance. Ils sont heureux de la personnalité qu'ils ont, et ne se soucient pas beaucoup de ce que pensent les autres à leur égard, contrairement aux A qui manquent de confiance en eux et qui accordent beaucoup d'importance à la façon dont les autres les perçoivent. Au sein d'une relation, A a besoin qu'on le rassure et qu'on le désire tandis que O comble ce besoin en lui témoignant le plus d'amour et d'encouragement possibles. Lorsqu'il se sentira véritablement aimé, A s'exprimera à son tour et deviendra un excellent partenaire pour O.

B/B   **3**

Vous êtes de vrais individualistes. Contrairement aux autres couples qui ont le même groupe sanguin, vous êtes assez différents l'un de l'autre. Cependant, vous avez quelques traits dominants en commun. Vous avez besoin de liberté, d'air et d'espace pour vous épanouir. Étant tous les deux du groupe B, vous admettez votre besoin d'indépendance, alors que des individus d'autres groupes pourraient essayer de vous contrôler en exigeant trop de vous.

Vous ne craignez pas de vous affirmer. Chacun défend ses convictions et exprime ses opinions, évitant ainsi les abus de pouvoir. L'égalité régnant sur votre ménage, il n'existe donc pas d'iniquité entre vous, comme dans le cas où un des partenaires se montrerait agressif et l'autre, passif. Toutefois, la compétition pourra surgir et s'avérer positive puisqu'elle décuplera votre force créatrice. En essayant d'égaler l'autre, vous aurez l'agréable surprise de vous surpasser.

Vous tendez cependant à ne pas vivre comme un couple et préférez vous rencontrer à l'occasion. Il est important de poursuivre des activités qui vous intéressent tous les deux. Vous êtes déjà très actifs, aussi serait-il indiqué de prévoir des moments de quiétude au cours desquels vous pourrez parler de vos rêves et de vos projets. Essayez de vous intéresser à la vie de votre partenaire et pas seulement à la vôtre. Lisez des livres ou suivez des cours pour apprendre à devenir un partenaire tendre et affectueux. Gardez à l'esprit que même si vous menez une vie bien remplie, tout devient plus beau lorsque vous la partagez avec quelqu'un que vous aimez.

B/AB   **3**

Votre relation ne présentera pas de problèmes insurmontables si chacun essaie de comprendre les différences de l'autre. Par exemple, AB aura tendance à vouloir passer beaucoup de temps avec B, alors que celui-ci a grand besoin de solitude. Évidemment, il n'y a qu'une solution possible, celle du compromis. L'individu du groupe B, s'il désire vraiment partager sa vie avec AB, doit être prêt à sacrifier son besoin d'intimité et lui consacrer plus d'attention. En retour, AB respectera l'indépendance de B en s'efforçant d'accroître sa confiance en lui.

Il faut un caractère particulier pour accepter l'individualisme de B. C'est un anticonformiste typique qui mène sa vie à sa façon. Quiconque le côtoie doit être prêt à affronter l'imprévisible car on ne sait jamais à quoi s'attendre avec lui. Heureusement, AB est assez tolérant pour apprécier sa créativité et sa nature innovatrice et l'encourage généralement à répondre à ses impulsions. Cela ne veut pas dire que B acceptera tout inconditionnellement; il a ses limites et pourra imposer à son partenaire ses fluctuations d'humeur. Si tout va bien, AB sera enchanté par tout ce que fait B. Mais si lui-même est dans une mauvaise passe, il lui en voudra de lui rendre la vie si compliquée et si difficile. En pareille situation, B tentera donc de se modérer et fera un effort particulier pour satisfaire les besoins ou les désirs de AB. Si chacun fait son bout de chemin, le bonheur vous attend.

B/O   **2**

Les frictions seront inévitables entre deux personnalités aussi fortes et entre des partenaires ayant des attentes aussi différentes. Car vous êtes tous deux déterminés à réaliser vos rêves sans accepter ni l'un ni l'autre le moindre compromis. Alors que O a l'habitude de mener sa vie à sa façon, et de toujours avoir le dessus au cours de ses relations, B ne se soucie pas tellement d'avoir le pouvoir puisqu'il est lui-même très autonome. Cependant, il lui est impossible de vivre selon les critères de quelqu'un d'autre. Si vous désirez sauvegarder cette fragile association, chacun doit reconnaître et accepter qu'il ne peut pas changer son partenaire. Admettez que les traits de personnalité de votre partenaire sont intéressants au lieu de les considérer comme des obstacles à surmonter. Dans votre quête d'un consensus, négociez pour que chacun y trouve son compte.

Les groupes O et B révèlent des personnalités actives et dynamiques, mais qui se distinguent l'une de l'autre. O a le souci du détail, alors que B a une vision globale des choses. En conséquence, le partenaire du groupe O ayant tendance à se concentrer sur les aspects négatifs de la relation, même s'il s'agit de problèmes mineurs, cela risque d'obscurcir sa vision au point qu'il ne puisse plus percevoir les autres. Il revient donc à B de lui rappeler la signification de leur vie commune dans son ensemble, mettant en valeur les aspects positifs en attendant de trouver une solution aux problèmes qui empoisonnent leur existence.

Face aux idées nouvelles, chacun adopte une attitude différente. Dès que O connaît mieux son partenaire, il a tendance à refuser tout changement de sa part, se déclarant parfaitement heureux que les choses demeurent immuables. Au contraire, B aime le changement et vit de façon imprévisible. Il sera donc plus rapidement porté à trouver sa relation avec O ennuyeuse et statique. Il leur faudra aborder le problème de façon constructive. B appréciera la stabilité que lui procure O à défaut de quoi il oscillera compulsivement entre le changement et le besoin de stimulation, au point de ne plus réussir à se concentrer. De son côté, O essayera d'être plus réceptif à la nouveauté. De cette manière, chacun fournira une dimension complémentaire à la vie de son partenaire.

AB/AB   **1**

Votre vie amoureuse promet d'être mouvementée. Étant tous deux de nature changeante, vos humeurs varient facilement et vos émotions sont dangereusement instables. Inutile de dire que les discussions orageuses surgiront souvent entre vous. Il n'est pas exagéré d'affirmer que les couples formés d'individus ayant un groupe sanguin AB se querellent plus que les autres, mettant fréquemment en péril leur relation.

Vous devrez élaborer des stratégies capables de neutraliser vos émotions lorsqu'elles prendront trop de place. Il est naturel que vous vous plaisiez en compagnie de votre partenaire, et vous l'apprécierez d'autant plus en espaçant vos rencontres. Soyez attentif aux signes qui révèlent que l'atmosphère devient trop lourde. En prenant du recul, vous pourrez consacrer plus d'énergie à améliorer votre rapport.

Les AB ont un sens pratique développé. Ils se concentrent sur l'essentiel, évitant ainsi la trivialité et les détails nébuleux qui font oublier le tableau dans son ensemble. C'est cette façon directe d'aborder les choses qui leur permet d'atteindre la plupart des buts qu'ils se sont fixés. Cependant, bien que le fait de définir un plan puisse se révéler utile au travail, ce n'est pas nécessairement le cas en amour. Soyez plus spontanés au cours de votre relation. Profitez-en pour improviser; cédez à vos impulsions. Ne négligez surtout pas les détails susceptibles d'accroître votre bonheur d'être ensemble. Établissez des rituels qui vous lieront ensemble. Offrez-vous de petits présents, fréquemment et sans raison particulière. Exprimez votre bonne humeur à travers tout ce que vous faites.

AB/O   3

Il est vital que vous établissiez des buts à poursuivre ensemble, sinon l'esprit de compétition risque de vous éloigner irrémédiablement. Les autres couples sont capables de s'affronter amicalement sur les courts de tennis ou même au travail, mais pas vous. Le partenaire du groupe O étant déterminé à gagner à tout prix, il peut devenir blessant à force de vouloir être le premier. Évidemment, ce n'est pas dans l'intérêt de AB qui ne peut pas vraiment rivaliser. Ce ne serait pas un combat loyal et son amour-propre risquerait d'être blessé s'il devait subir un échec par la faute de O. Aussi vaudrait-il mieux éviter ce genre de compétition. Travaillez avec l'autre, et non contre lui. Si vous n'avez pas déjà de but commun, trouvez-en un capable de susciter votre intérêt mutuel.

Il existe plusieurs éléments positifs chez un couple formé d'individus ayant des groupes AB-O. AB étant plus ouvert et plus émotif que O, il l'encouragera à exprimer sa tendresse, révélant ainsi une dimension nouvelle de sa personnalité. Pour sa part, O aidera AB à s'accomplir car il attend beaucoup de son partenaire. Celui-ci devra en retour s'efforcer d'être à la hauteur, s'inspirant de son conjoint qui lui servira de modèle.

O/O   1

La lutte pour le pouvoir risque de s'installer entre vous. Vous désirez tous les deux occuper l'avant-scène, donner la réplique et prendre les décisions. Et chacun de vous veut mener la barque, suivre passivement étant un sentiment qui vous est complètement étranger. Puisque vous ne pouvez pas assumer tous deux le rôle de meneur dans toutes les situations, cela engendrera parfois des problèmes. À moins que vous n'ayez une source illimitée d'énergie, de temps et d'argent, il vous faudra trancher. Conséquemment, les besoins et les désirs qui vous sont propres ne seront pas toujours comblés. Les O ayant souvent de la difficulté à accepter ce genre de situation, ils considéreront cela comme un échec. La moindre peccadille (parfois aussi banale que le choix d'un film) sera perçue comme un affront si c'est l'autre qui décide. Cela suscitera immanquablement la rage, le mécontentement et d'autres sentiments destructeurs.

Si vous êtes sûrs de vouloir vous lancer dans une aventure à long terme, il vous faudra élaborer un plan pour enrayer les conflits qui surgiront inévitablement entre vous. N'attendez pas qu'éclate une autre dispute pour prendre une décision. Discutez de ce problème pendant que vous êtes calmes et rationnels. Chacun reconnaîtra aisément qu'il est impossible d'assumer à son tour le rôle du meneur et vous pourrez trouver une solution équitable. Chaque partenaire excellant dans un domaine qui lui est propre, il sera naturel qu'il assume la responsabilité du projet qu'il désire réaliser. Vous pouvez être démocrates et laisser choisir chacun à tour de rôle (chaque week-end, l'un organise les activités en alternance). En dernier recours, il vous sera peut-être utile de faire appel à un conseiller.

De l'extérieur, un couple de O semble avoir les clés du succès, mais ce n'est souvent qu'une apparence. Car O éprouve parfois le sentiment qu'il lui manque quelque chose en dépit de tout le confort matériel dont il jouit. Il est possible qu'il s'agisse simplement de communiquer avec quelqu'un. Et comme il est rare qu'un O se sente disponible au point de vouloir lier profondément connaissance avec autrui, il n'est pas aisé pour deux O de développer cette capacité entre eux. C'est toutefois possible, et cela vaut la peine d'essayer. Une fois que vous aurez goûté au plaisir d'avoir des liens intimes, vous serez comblés!

Êtes-vous compatibles?

Si vous avez effectué tous les jeux et que vous avez additionné vos points, votre score final doit varier entre 15 et 100. Il indique votre niveau de compatibilité.

86-100

ON NE PEUT SOUHAITER MIEUX

Aucun doute... vous êtes faits l'un pour l'autre! En ce qui a trait à l'essentiel, vous vous ressemblez beaucoup. Vous avez quelques traits de personnalité qui varient légèrement, mais cela vous évite des conflits importants et vous vous complétez bien. Vous partagez les mêmes désirs et les mêmes buts. Vous arriverez très bien à mener le style de vie auquel vous aspirez tous les deux et vous n'aurez pas à déployer beaucoup d'efforts pour que votre relation ait un cachet particulier. Profitez du bonheur d'avoir trouvé le partenaire idéal.

71-85

DE BON AUGURE

Vous allez bien ensemble. Vous n'avez pas le même caractère, malgré vos nombreux points communs. Cependant, ne vous assoyez pas trop vite sur vos lauriers. Même si votre relation se porte bien, vous risquez de vous perdre de vue si vous ne prenez pas tout à fait conscience de l'importance de respecter l'autre, de l'apprécier et de communiquer avec lui.

56-70

PAS MAL DU TOUT

Vous êtes plus ou moins compatibles. Ne perdez pas espoir; cela ne signifie pas que vous aurez continuellement des problèmes. Vous subirez des hauts et des bas tout en étant (presque toujours) très heureux ensemble. Des malentendus et des désagréments surgiront parfois, ni plus ni moins que chez la plupart des couples. Cependant, vous saurez profiter de ces occasions pour renforcer vos liens.

41-55

ÇA VAUT LA PEINE

Vous êtes loin de former le couple idéal, mais il existe de bonnes raisons pour que vous demeuriez ensemble. Bien sûr, les frictions seront inévitables, car vous parviendrez difficilement à comprendre votre partenaire. Les bons moments l'emporteront néanmoins sur les mauvais. Prenez le temps de considérer vos aspects positifs et complémentaires au lieu de vous attarder sur ceux qui vous éloignent l'un de l'autre.

26-40

DANGER

Votre couple ne survivra pas à moins que vous ne soyez tous les deux disposés à consacrer un temps fou à votre relation. Vous avez quelques petits points en commun, mais vous voyez les choses d'un œil complètement différent. Les querelles surviendront fréquemment entre vous et vous serez souvent tentés de rompre. Toutefois votre association pourra se maintenir si vous examinez les difficultés aussitôt qu'elles surgissent, quitte à demander de l'aide à l'extérieur lorsque vous n'y parvenez pas.

15-25

CAUSE PERDUE

Vous n'êtes probablement pas étonnés d'avoir un score aussi peu élevé. Vous avez sans doute déjà constaté le peu de plaisir ou d'intérêt que vous aviez à être ensemble. Vous avez probablement éprouvé une simple attraction l'un pour l'autre et vous avez ensuite découvert que vous étiez trop différents pour vivre ensemble. Ne perdez plus de temps à essayer de maintenir une relation qui ne vous mènera nulle part et hâtez-vous de trouver d'autres partenaires avec qui vous vous découvrirez des affinités.

Total des points

La dominante cérébrale .... ⸺

Le rôle familial... ⸺

Écriture... ⸺

Humour .... ⸺

Votre couleur préférée... ⸺

Le sommeil .... ⸺

Les sports .... ⸺

Votre animal préféré .... ⸺

Décoration .... ⸺

Alimentation... ⸺

Expérience de la naissance... ⸺

Physionomie... ⸺

La couleur des yeux... ⸺

Les mains (_____ + _____ + _____) ÷ 3... ⸺
             vie   tête   cœur

Groupe sanguin .... ⸺

TOTAL... ⸺

Total des points

La dominante cérébrale ....___

Le rôle familial ....___

Écriture ....___

Humour ....___

Votre couleur préférée ....___

Le sommeil ....___

Les sports ....___

Votre animal préféré ....___

Décoration ....___

Alimentation ....___

Expérience de la naissance ....___

Physionomie ....___

La couleur des yeux ....___

Les mains (_____ + ____ + ____) ÷ 3 ....___
            vie   tête   cœur

Groupe sanguin ....___

TOTAL ....___

Total des points

La dominante cérébrale .... .___

Le rôle familial .... .___

Écriture .... .___

Humour .... .___

Votre couleur préférée .... .___

Le sommeil .... .___

Les sports .... .___

Votre animal préféré .... .___

Décoration .... .___

Alimentation .... .___

Expérience de la naissance .... .___

Physionomie .... .___

La couleur des yeux .... .___

Les mains (_____ + _____ + _____) ÷ 3 .... .___
          vie   tête   cœur

Groupe sanguin .... .___

TOTAL .... .___

Table des matières

Ouvrages parus aux
Éditions de l'Homme

Affaires et vie pratique

* 30 jours pour mieux organiser..., Gary Holland
* Acheter et vendre sa maison ou son condominium, Lucille Brisebois
* Acheter une franchise, Pierre Levasseur
* Les assemblées délibérantes, Francine Girard
* La bourse, Mark C. Brown
* Le chasse-insectes dans la maison, Odile Michaud
* Le chasse-insectes pour jardins, Odile Michaud
  Le chasse-taches, Jack Cassimatis
* Choix de carrières — Après le collégial professionnel, Guy Milot
* Choix de carrières — Après le secondaire V, Guy Milot
* Choix de carrières — Après l'université, Guy Milot
* Comment cultiver un jardin potager, Jean-Claude Trait
  Comment rédiger son curriculum vitæ, Julie Brazeau
* Comprendre le marketing, Pierre Levasseur
  Des pierres à faire rêver, Lucie Larose
* Devenir exportateur, Pierre Levasseur
  L'étiquette des affaires, Elena Jankovic
* Faire son testament soi-même, Me Gérald Poirier et Martine Nadeau Lescault
  Les finances, Laurie H. Hutzler
  Gérer ses ressources humaines, Pierre Levasseur
  Le gestionnaire, Marian Colwell
  La graphologie, Claude Santoy
* Le guide complet du jardinage, Charles L. Wilson
* Le guide de l'auto 92, Denis Duquet et Marc Lachapelle
* Le guide des bars de Montréal, Lili Gulliver
* Le guide des bons restaurants de Montréal et d'ailleurs, Josée Blanchette
  Guide du savoir-écrire, Jean-Paul Simard
* Le guide du vin 92, Michel Phaneuf
* Le guide floral du Québec, Florian Bernard
  Guide pratique des vins de France, Jacques Orhon
  J'aime les azalées, Josée Deschênes
* J'aime les bulbes d'été, Sylvie Regimbal
  J'aime les cactées, Claude Lamarche
* J'aime les conifères, Jacques Lafrenière
* J'aime les petits fruits rouges, Victor Berti
  J'aime les rosiers, René Pronovost
  J'aime les tomates, Victor Berti
  J'aime les violettes africaines, Robert Davidson
  J'apprends l'anglais..., Gino Silicani et Jeanne Grisé-Allard
  Le jardin d'herbes, John Prenis
* Je me débrouille en aménagement intérieur, Daniel Bouillon et Claude Boisvert
* Lancer son entreprise, Pierre Levasseur
  Le leadership, James J. Cribbin
  Le livre de l'étiquette, Marguerite du Coffre
* La loi et vos droits, Me Paul-Émile Marchand
  Le meeting, Gary Holland

Affaires publiques, vie culturelle, histoire

* La saga des Molson, Shirley E. Woods
  Sauvez votre planète!, Marjorie Lamb
* La sculpture ancienne au Québec, John R. Porter et Jean Bélisle
* Sous les arches de McDonald's, John F. Love
* Le temps des fêtes au Québec, Raymond Montpetit
  Trudeau le Québécois, Michel Vastel
* La vie antérieure, Henri Laborit

Animaux

Le chat de A à Z, Camille Olivier
Le cheval, Michel-Antoine Leblanc
Le chien dans votre vie, Matthew Margolis et Catherine Swan
L'éducation canine, Gilles Chartier
L'éducation du chien de 0 à 6 mois, Dr Joël Dehasse et Dr Colette de Buyser
* Encyclopédie des oiseaux du Québec, W. Earl Godfrey
Le guide astrologique de votre chat, Éliane K. Arav
Le guide de l'oiseau de compagnie, Dr R. Dean Axelson
* Mon chat, le soigner, le guérir, Dr Christian d'Orangeville
* Nos animaux, D. W. Stokes et L. Q. Stokes
* Nos oiseaux, tome 1, Donald W. Stokes
* Nos oiseaux, tome 2, Donald W. Stokes et Lillian Q. Stokes
* Nos oiseaux, tome 3, Donald W. Stokes et Lillian Q. Stokes
* Nourrir nos oiseaux toute l'année, André Dion et André Demers
Vous et vos oiseaux de compagnie, Jacqueline Huard-Viaux
Vous et vos poissons d'aquarium, Sonia Ganiel
Vous et votre bâtard, Ata Mamzer
Vous et votre Beagle, Martin Eylat
Vous et votre Beauceron, Pierre Boistel
Vous et votre Berger allemand, Martin Eylat
Vous et votre Bernois, Pierre Van Der Heyden
Vous et votre Bobtail, Pierre Boistel
Vous et votre Boxer, Sylvain Herriot
Vous et votre Braque allemand, Martin Eylat
Vous et votre Briard, Pierre Van Der Heyden
Vous et votre Bulldog, Pierre Van Der Heyden
Vous et votre Bullmastiff, Pierre Van Der Heyden
Vous et votre Caniche, Sav Shira
Vous et votre Chartreux, Odette Eylat
Vous et votre chat de gouttière, Annie Mamzer
Vous et votre chat tigré, Odette Eylat
Vous et votre Chihuahua, Martin Eylat
Vous et votre Chow-chow, Pierre Boistel
Vous et votre Cockatiel (Perruche callopsite), Michèle Pilotte
Vous et votre Cocker américain, Martin Eylat
Vous et votre Collie, Léon Éthier
Vous et votre Dalmatien, Martin Eylat
Vous et votre Danois, Martin Eylat
Vous et votre Doberman, Paula Denis
Vous et votre Épagneul breton, Sylvain Herriot
Vous et votre Fox-terrier, Martin Eylat
Vous et votre furet, Manon Paradis
Vous et votre Golden Retriever, Paula Denis
Vous et votre Husky, Martin Eylat
Vous et votre Labrador, Pierre Van Der Heyden

Cuisine et nutrition

Micro-ondes plus, Marie-Paul Marchand
* **Modifiez vos recettes traditionnelles,** Denyse Hunter
Les muffins, Angela Clubb
La nouvelle cuisine micro-ondes, Marie-Paul Marchand et Nicole Grenier
La nouvelle cuisine micro-ondes II, Marie-Paul Marchand et Nicole Grenier
* **Les pâtes,** Julien Letellier
* **La pâtisserie,** Maurice-Marie Bellot
La sage bouffe de 2 à 6 ans, Louise Lambert-Lagacé
Les tisanes qui font merveille, Dr Leonhard Hochenegg et Anita Höhne
* **Toutes les meilleures pizzas,** Joie Warner
* **Toutes les meilleures salades et vinaigrettes,** Joie Warner
* **Toutes les meilleures sauces pour les pâtes,** Joie Warner
Une cuisine sage, Louise Lambert-Lagacé
* **Votre régime contre l'arthrite,** Helen MacFarlane
* **Votre régime contre le diabète,** Martin Budd
* **Votre régime contre le psoriasis,** Harry Clements
* **Votre régime pour contrôler le cholestérol,** R. Newman Turner
* **Weight Watchers — La cuisine légère,** Weight Watchers
* **Les yogourts glacés,** Mable et Gar Hoffman

Plein air, sports, loisirs

100 trucs de billard, Pierre Morin
* **52 Week-ends au Québec,** André Bergeron
* **L'ABC du bridge,** Frank Stewart et Randall Baron
Apprenez à patiner, Gaston Marcotte
L'arc et la chasse, Greg Guardo
Les armes de chasse, Charles Petit-Martinon
L'art du pliage du papier, Robert Harbin
La batterie sans professeur, James Blades et Johnny Dean
* **La bicyclette,** Jean Corbeil
Carte et boussole, Björn Kjellström
Le chant sans professeur, Graham Hewitt
Le clavier électronique sans professeur, Roger Evans
* **Les clés du scrabble,** Pierre-André Sigal et Michel Raineri
* **Comment vivre dans la nature,** Bill Rivière et l'équipe de L. L. Bean
Le conditionnement physique, Richard Chevalier, Serge Laferrière et Yves Bergeron
* **Construire des cabanes d'oiseaux,** André Dion
Corrigez vos défauts au golf, Yves Bergeron
* **Le curling,** Ed Lukowich
De la hanche aux doigts de pieds — Guide santé pour l'athlète,
    M. J. Schneider et M. D. Sussman
Devenir gardien de but au hockey, François Allaire
Le dictionnaire des bruits, Jean-Claude Trait et Yvon Dulude
* **Exceller au baseball,** Dick Walker
* **Exceller au football,** James Allen
* **Exceller au softball,** Dick Walker
* **Exceller au tennis,** Charles Bracken
* **Exceller en natation,** Gene Dabney
La flûte traversière sans professeur, Howard Harrison
Le golf au féminin, Yves Bergeron et André Maltais
Grandir en 100 exercices, Henri B. Zimmer
Le grand livre des sports, Le groupe Diagram
Le guide complet du judo, Louis Arpin
* **Le guide de la chasse,** Jean Pagé

Psychologie, vie affective, vie professionnelle, sexualité

* 30 jours pour redevenir un couple heureux, Patricia K. Nida et Kevin Cooney
* 30 jours pour un plus grand épanouissement sexuel, Alan Schneider et Deidre Laiken
* Adieu Québec, André Bureau
  À dix kilos du bonheur, Danielle Bourque
  Aider mon patron à m'aider, Eugène Houde
* Aider son enfant en maternelle et en première année, Louise Pedneault-Pontbriand
  À la découverte de mon corps — Guide pour les adolescentes, Lynda Madaras
  À la découverte de mon corps — Guide pour les adolescents, Lynda Madaras
  L'amour comme solution, Susan Jeffers
  L'amour, de l'exigence à la préférence, Lucien Auger
  Les années clés de mon enfant, Frank et Theresa Caplan
  Apprivoiser l'ennemi intérieur, Dr George R. Bach et Laura Torbet
  L'art d'aider, Robert R. Carkhuff
  L'art de l'allaitement maternel, Ligue internationale La Leche
  L'art de parler en public, Ed Woblmuth
  L'art d'être parents, Dr Benjamin Spock
  L'autodéveloppement, Jean Garneau et Michelle Larivey
  Avoir un enfant après 35 ans, Isabelle Robert
  Bientôt maman, Janet Whalley, Penny Simkin et Ann Keppler
* Le bonheur au travail, Alan Carson et Robert Dunlop
  Le bonheur possible, Robert Blondin
  Ces hommes qui méprisent les femmes... et les femmes qui les aiment, Dr Susan Forward et Joan Torres
  Ces hommes qui ne peuvent être fidèles, Carol Botwin
  Ces visages qui en disent long, Jeanne-Élise Alazard
  Changer ensemble — Les étapes du couple, Susan M. Campbell
  Chère solitude, Jeffrey Kottler
  Le cœur en écharpe, Stephen Gullo et Connie Church
  Comment communiquer avec votre adolescent, E. Weinhaus et K. Friedman
  Comment déborder d'énergie, Jean-Paul Simard
  Comment garder son homme, Alexandra Penney
  Le complexe de Casanova, Peter Trachtenberg
  Comprendre et interpréter vos rêves, Michel Devivier et Corinne Léonard
  Découvrez votre quotient intellectuel, Victor Serebriakoff
  Découvrir un sens à sa vie avec la logothérapie, Viktor E. Frankl
  Le défi de vieillir, Hubert de Ravinel
  La deuxième année de mon enfant, Frank et Theresa Caplan
  Les douze premiers mois de mon enfant, Frank Caplan
  Les écarts de conduite, Dr John Pearce
  En attendant notre enfant, Yvette Pratte Marchessault
  Les enfants de l'autre, Erna Paris
* L'enfant unique — Enfant équilibré, parents heureux, Ellen Peck
* L'étonnant nouveau-né, Marshall H. Klaus et Phyllis H. Klaus
  Être soi-même, Dorothy Corkille Briggs
  Évoluer avec ses enfants, Pierre-Paul Gagné
  Exercices aquatiques pour les futures mamans, Joanne Dussault et Claudia Demers
  La femme indispensable, Ellen Sue Stern
  Finies les phobies!, Dr Manuel D. Zane et Harry Milt
  La flexibilité — Savoir changer, c'est réussir, P. Donovan et J. Wonder
  La force intérieure, J. Ensign Addington

Le grand manuel des arts divinatoires, Sasha Fenton
* Le grand manuel des cristaux, Ursula Markham
Les grands virages — Comment tirer parti de tous les imprévus de la vie,
    R. H. Lauer et J. C. Lauer
La graphologie au service de votre vie intime et professionnelle,
    Claude Santoy
Guérir des autres, Albert Glaude
Le guide du succès, Tom Hopkins
L'histoire merveilleuse de la naissance, Jocelyne Robert
L'horoscope chinois 1992, Neil Somerville
L'infidélité, Wendy Leigh
L'intuition, Philip Goldberg
J'aime, Yves Saint-Arnaud
J'ai quelque chose à vous dire…, B. Fairchild et N. Hayward
J'ai rendez-vous avec moi, Micheline Lacasse
Le journal intime intensif, Ira Progoff
Lis cette page, s'il te plaît, N. Chesanow et G. L. Ersersky
Le mal des mots, Denise Thériault
Ma sexualité de 0 à 6 ans, Jocelyne Robert
Ma sexualité de 6 à 9 ans, Jocelyne Robert
Ma sexualité de 9 à 12 ans, Jocelyne Robert
La méditation transcendantale, Jack Forem
Le mensonge amoureux, Robert Blondin
Mon enfant naîtra-t-il en bonne santé?, Jonathan Scher et Carol Dix
Nous, on en parle, Marcelle Lamarche et Pol Danheux
Parle-moi… j'ai des choses à te dire, Jacques Salomé
Parlez-leur d'amour, Jocelyne Robert
Parlez pour qu'on vous écoute, Michèle Brien
Penser heureux — La conquête du bonheur, image par image, Lucien Auger
Perdant gagnant! — Réussissez vos échecs, Carole Hyatt et Linda Gottlieb
Père manquant, fils manqué, Guy Corneau
Les peurs infantiles, Dr John Pearce
* Les plaisirs du stress, Dr Peter G. Hanson
Pourquoi l'autre et pas moi? — Le droit à la jalousie, Dr Louise Auger
* Pour vous future maman, Trude Sekely
Préparez votre enfant à l'école, Louise Doyon-Richard
Prévenir et surmonter la déprime, Lucien Auger
Psychologie de l'amour romantique, Dr Nathaniel Branden
Psychologie de l'enfant de 0 à 10 ans, Françoise Cholette-Pérusse
* La puberté, Angela Hines
La puissance de la vie positive, Norman Vincent Peale
La puissance de l'intention, Richard J. Leider
Respirations et positions d'accouchement, Joanne Dussault
S'affirmer et communiquer, Jean-Marie Boisvert et Madeleine Beaudry
S'aider soi-même davantage, Lucien Auger
Se changer, Michael J. Mahoney
Se comprendre soi-même par des tests, Collaboration
Se connaître soi-même, Gérard Artaud
Se guérir de la sottise, Lucien Auger
S'entraider, Jacques Limoges
* La séparation du couple, Robert S. Weiss
La sexualité du jeune adolescent, Dr Lionel Gendron
Si je m'écoutais je m'entendrais, Jacques Salomé et Sylvie Galland
Si seulement je pouvais changer!, Patrick Lynes
Les soins de la première année de bébé, Paula Kelly
Stress et succès, Peter G. Hanson

Le syndrome de la fatigue chronique, Edmund Blair Bolles
Le syndrome de la corde au cou, Sonya Rhodes et Marlin S. Potash
La tendresse, Nobert Wölfl
Tout se joue avant la maternelle, Masaru Ibuka
Transformer ses faiblesses en forces, Dr Harold Bloomfield
Travailler devant un écran, Dr Helen Feeley
* Un second souffle, Diane Hébert
Vouloir c'est pouvoir, Raymond Hull

Santé, beauté

30 jours pour avoir de beaux ongles, Patricia Bozic
30 jours pour cesser de fumer, Gary Holland et Herman Weiss
30 jours pour perdre son ventre (pour hommes), Roy Matthews et Nancy Burstein
* L'ablation de la vésicule biliaire, Jean-Claude Paquet
Alzheimer — Le long crépuscule, Donna Cohen et Carl Eisdorfer
L'arthrite, Dr Michael Reed Gach
Charme et sex-appeal au masculin, Mireille Lemelin
* Comment arrêter de fumer pour de bon, Kieron O'Connor, Robert Langlois et Yves
    Lamontagne
Comment devenir et rester mince, Dr Gabe Mirkin
De belles jambes à tout âge, Dr Guylaine Lanctôt
Dormez comme un enfant, John Selby
Dos fort bon dos, David Imrie et Lu Barbuto
Être belle pour la vie, Bronwen Meredith
Le guide complet des cheveux, Philip Kingsley
L'hystérectomie, Suzanne Alix
Initiation au shiatsu, Yuki Rioux
Maigrir: la fin de l'obsession, Susie Orbach
Le manuel Johnson & Johnson des premiers soins, Dr Stephen Rosenberg
Les maux de tête chroniques, Antonia Van Der Meer
Maux de tête et migraines, Dr Jacques P. Meloche et J. Dorion
Mini-massages, Jack Hofer
Perdre son ventre en 30 jours, Nancy Burstein
Principe de la technique respiratoire, Julie Lefrançois
Programme XBX de l'aviation royale du Canada, Collectif
Le régime hanches et cuisses, Rosemary Conley
Le rhume des foins, Roger Newman Turner
Ronfleurs, réveillez-vous!, Jocelyne Delage et Jacques Piché
Savoir relaxer — Pour combattre le stress, Dr Edmund Jacobson
Soignez vos pieds, Dr Glenn Copeland et Stan Solomon
Le supermassage minute, Gordon Inkeles
Le syndrome prémenstruel, Dr Caroline Shreeve
Vivre avec l'alcool, Louise Nadeau

**le jour,
éditeur**

Ouvrages parus au Jour

Affaires, loisirs, vie pratique

L'affrontement, Henri Lamoureux
* Auberges et relais de campagne du Québec, François Trépanier
  Les bains flottants, Michael Hutchison
* La bibliothèque des enfants, Dominique Demers
  Bien s'assurer, Carole Boudreault et André Lafrance
  Le bridge, Denis Lesage
  Le cœur de la baleine bleue, Jacques Poulin
  Conte pour buveurs attardés, Michel Tremblay
* La France à la québécoise, André Bergeron et Émile Roberge
* Le guide du répondeur bien branché, Robert Blondin et Lucie Dumoulin
  J'avais oublié que l'amour fût si beau, Évette Doré-Joyal
  Jean-Paul ou les hasards de la vie, Marcel Bellier
  Oslovik fait la bombe, Oslovik

Ésotérisme, santé, spiritualité

L'astrologie pratique, Wofgang Reinicke
Couper du bois, porter de l'eau — Comment donner une dimension spirituelle à la
  vie de tous les jours, Collectif
Le grand livre de la cartomancie, Gerhard von Lentner
Grand livre des horoscopes chinois, Theodora Lau
Grossesses à risque et infertilité — Les solutions possibles, Diana Raab
Les hormones dans la vie des femmes, Dr Lois Javanovic et
  Genell J. Subak-Sharpe
Les maladies mentales, John M. Cleghorn et Betty Lou Lee
Pour en finir avec l'hystérectomie, Dr Vicki Hufnagel et Susan K. Golant
Le tao de longue vie, Chee Soo
Traité d'astrologie, Huguette Hirsig

Essais et documents

17 tableaux d'enfant, Pierre Vadeboncoeur
* L'accord, Georges Mathews
  L'administration et le développement coopératif, Marcel Laflamme et
    André Roy
  À la recherche d'un monde oublié, N. Laurin, D. Juteau et L. Duchesne
* Les années Trudeau — La recherche d'une société juste, T. S. Axworthy et
    P. E. Trudeau
* Le Canada aux enchères, Linda McQuaid
  Carmen Quintana te parle de liberté, André Jacob
  Le Dragon d'eau, R. F. Holland
* Élise Chapdelaine, Marielle Denis
* Elle sera poète, elle aussi! Liliane Blanc
  En première ligne, Jocelyn Coulon

Expériences de démocratie industrielle — **Vers un nouveau contrat social,**
  Marcel Laflamme
* **Femmes de parole,** Yolande Cohen
* **Femmes et politique,** Yolande Cohen, Andrée Yanacopoulo et Nicole Brossard
  Le français, langue du Québec, Camille Laurin
* **Goodbye... et bonne chance!,** David J. Bercuson et Barry Cooper
  Hiérarchie ethnique dans la grande entreprise, Jean-Marie Rainville
  Jacques Cartier - L'odyssée intime, Georges Cartier
  La maison de mon père, Sylvia Fraser
  Les mémoires de Nestor, Serge Provencher
  Merci pour mon cancer, Michelle de Villemarie

Psychologie, vie affective, vie professionnelle, sexualité

Adieu, Dr Howard M. Halpern
Aimer, c'est choisir d'être heureux, Barry Neil Kaufman
Aimer son prochain comme soi-même, Joseph Murphy
L'amour lucide, Gay Hendricks et Kathlyn Hendricks
Apprendre à vivre et à aimer, Léo Buscaglia
Arrête! tu m'exaspères — Protéger son territoire, Dr George Bach et
  Ronald Deutsch
L'art d'engager la conversation et de se faire des amis, Don Gabor
L'art d'être égoïste, Josef Kirschner
Au centre de soi, Dr Eugene T. Gendlin
Augmentez la puissance de votre cerveau, A. Winter et R. Winter
Le burnout, Collectif
La célébration sexuelle, Ma Premo et M. Geet Éthier
Ces hommes qui ne communiquent pas, Steven Naifeh et
  Gregory White Smith
Ces vérités vont changer votre vie, Joseph Murphy
Comment aimer vivre seul, Lynn Shanan
Comment apprendre l'autodiscipline aux enfants, Thomas Gordon
Comment décrocher, Barbara Mackoff
Comment faire l'amour à la même personne pour le reste de votre vie,
  Dagmar O'Connor
Comment faire l'amour à une femme, Michael Morgenstern
Comment faire l'amour à un homme, Alexandra Penney
Comment faire l'amour ensemble, Alexandra Penney
Contacts en or avec votre clientèle, Carol Sapin Gold
Dire oui à l'amour, Léo Buscaglia
La dynamique mentale, Christian H. Godefroy
Ennemis intimes, Dr George R. Bach et Peter Wyden
Exit final — Pour une mort dans la dignité, Derek Humphry
Faire l'amour avec amour, Dagmar O'Connor
La famille moderne et son avenir, Lyn Richards
La fille de son père, Linda Schierse Leonard
La Gestalt, Erving et Miriam Polster
Le guide du succès, Tom Hopkins
L'homme sans masque, Herb Goldberg
L'influence de la couleur, Betty Wood
Le jeu de la vie, Carl Frederick
Maîtriser son destin, Josef Kirschner
Manifester son affection — De la solitude à l'amour, Dr George R. Bach et
  Laura Torbet

La mémoire à tout âge, Ladislaus S. Dereskey
Le miracle de votre esprit, Dr Joseph Murphy
Négocier — entre vaincre et convaincre, Dr Tessa Albert Warschaw
Nos crimes imaginaires, Lewis Engel et Tom Ferguson
Nouvelles relations entre hommes et femmes, Herb Goldberg
On n'a rien pour rien, Raymond Vincent
Option vérité, Will Schutz
L'oracle de votre subconscient, Joseph Murphy
Parents gagnants, Luree Nicholson et Laura Torbet
Parlez pour qu'on vous écoute, Michèle Brien
* La personnalité, Léo Buscaglia
Le pouvoir de la motivation intérieure, Shad Helmstetter
Le pouvoir de votre cerveau, Barbara B. Brown
Le principe de la projection, George Weinberg et Dianne Rowe
La psychologie de la maternité, Jane Price
La puissance de la pensée positive, Norman Vincent Peale
La puissance de votre subconscient, Dr Joseph Murphy
Réfléchissez et devenez riche, Napoleon Hill
S'aimer ou le défi des relations humaines, Léo Buscaglia
Savoir quand quitter, Jack Barranger
Les secrets de la communication, Richard Bandler et John Grinder
La sexualité expliquée aux adolescents, Yves Boudreau
Le succès par la pensée constructive, Napoleon Hill
La survie du couple, John Wright
Tous les hommes le font, Michel Dorais
Triomphez de vous-même et des autres, Dr Joseph Murphy
Un homme au dessert, Sonya Friedman
Uniques au monde!, Jeanette Biondi
Vivre avec les imperfections de l'autre, Dr Louis H. Janda
Vivre avec passion, David Gershon et Gail Straub
Vivre avec son anxiété, Isaac M. Marks
Votre corps vous parle, écoutez-le, Henry G. Tietze
Votre talon d'Achille, Dr Harold Bloomfield

---

* Pour l'Amérique du Nord seulement

Achevé   Imprimerie
d'imprimer Gagné Ltée
au Canada Louiseville